頑固的民主派

邱垂亮——著

邱垂亮民報評論集

2016年2月1日，邱垂亮教授參加民報舉辦選後座談會。（圖／郭文宏攝）

邱垂亮教授（圖／郭文宏攝）

邱垂亮教授夫婦回台灣時與大家餐敘。（圖／李筱峰提供）

2019年5月10日邱垂亮教授回台與大家餐敘。（圖／李筱峰提供）

2017年5月，在高雄開僑委會年會時，王輝生（左1）陪邱垂亮教授伉儷（右1、2）拜訪陳水扁前總統。（圖／王輝生提供）

2019年5月21日於龍潭大江屋客家餐廳。（圖／王輝生提供）

2005年3月9日，邱垂亮於澳洲坎培拉抗議反分裂法。（圖／林月琴提供）

2005年1月26日，邱垂亮於澳洲的國慶日遊行。（圖／林月琴提供）

2005年8月13日於世台會。（圖／林月琴提供）

2014年環島旅行到達台中時，邱夫人兩位姐姐與侄兒們招待邱教授伉儷遊日月潭合影。（圖／林月琴提供）

2015年9月，Brisbane小英後援會授旗。（圖／林月琴提供）

2020年蔡英文總統連任，澳洲布里斯本後援會。（圖／林月琴提供）

2019年，邱垂亮教授（後排中）及夫人（前排左）帶陳永興醫師及夫人（右前、後）與陳博文醫師（後排左）參訪他一輩子教學做研究的昆士蘭大學校園。（圖／陳永興提供）

2014年1月，邱教授全家回台環島旅行時，來到苗栗出礦坑的「地軌纜車」，往上走去的深山中便是邱教授的出生地。那次因纜車已廢，邱教授伉儷爬到一半，因太危險而被人阻止，並未上山。（圖／林月琴提供）

邱垂亮教授伉儷。（圖／林月琴提供）

邱垂亮教授全家福。（圖／林月琴提供）

上圖：2013年12月26日，邱家三代的台灣之旅，於台北海霸王餐廳合影。
（圖／林月琴提供）
左下圖：2015年8月，邱蕙丘赴美、逸嵐生日，邱家團聚合影。（圖／林月琴提供）
右下圖：2017年9月4日，邱垂亮教授全家於父親節合影。（圖／林月琴提供）

2021年3月26日上午9點30分，邱垂亮教授告別式於澳洲布里斯本Mount Thompson紀念墓園舉行。（圖／澳洲台僑提供）

2021年4月8日於台北舉行邱垂亮教授追思會，會中賴清德副總統代頒總統府褒揚令。（圖／民報提供）

序　吐盡心頭血句句為台灣

陳永興

邱垂亮教授是台灣出身，旅居澳洲布里斯本的知名政治學者，他除了在澳洲昆士蘭大學教過許多學生，其中出了不少重要的澳洲政壇人物；同時也是國際上知名的政論家，寫過不少政治評論文章，而在台灣一黨專政的戒嚴時期，他的文章經常觸犯威權統治者的敏感神經，屢遭查禁，當然他也成為黨外時期家喻戶曉的政論家。我就是在黨外時代投入反對運動，幫忙黨外政論雜誌時讀到他的作品，而心儀其人，之後有機會認識時，他已積極投入支持台灣的民主運動，經常返台與反對運動的重要政界人士有所接觸，其中康寧祥、陳水扁、呂秀蓮、張富美、彭明敏、李筱峰……等等是他較常接觸的人物。而我和他的交往可說是君子之交，互相認識彼此欣賞且有高度的默契。

一直到二〇一四年我要創辦《民報》時，邀他擔任海外主筆，邱教授不但一口答應，還邀集布里斯本的熱心同鄉陳博文醫師和陳春龍藥師，共同加入《民報》成為股東表達支持，他向這兩位朋友說：「永興要辦報，我們非支持不可。」從此邱教授不僅成為《民報》重要的撰稿者，更可以說是《民報》的海外重量級主筆，幾乎每周都有他的大作，他從《民報》創刊一直到過世前夕，八年間都未停止供稿給《民報》，而且他知道《民報》的財務困難，所以都義務寫稿而不收取稿費。只有每次他回台灣時我會邀請他和其他主筆聚餐，他總是很高興的和其他為《民報》寫稿的朋友喝酒聊天，非常健談，充分展露了純真風趣的個性，是大家非常歡迎的志同道合戰友，也是博學多聞、熱愛台灣的海外學人。作為《民報》的創辦人，我內心對他充滿了感激和感動。

沒有想到，三年前我的女兒竟然自己申請到布里斯本的學校去進修碩士學位，當我陪同女兒去拜訪邱教授時，他高興地與夫人陪我們逛他一輩子教書的學校，又請我們吃飯，並交代我女兒，有事一定要找他，也因而在他過世的前三年，彼此來往密切了起來。有一次我去布里斯本時聽邱夫人抱怨說，邱教授身體不適卻不去看醫生，我就勸他去接受檢查才發現了他的癌症，之後在一連串就醫的過程中，我請和信醫院的醫師朋友提供邱夫人相關治療的不少意見，在邱教授走完人生旅程後，我義不容辭以《民報》的名義為邱教授主辦了台灣的追思活動，邀請邱教授生前好友，在台北舉行了隆重溫馨的追思活動，並出版了一本邱教授的追思文集。

邱教授過世已逾一年，而在這疫情當中，我的女兒也從研究所畢業了，開始在澳洲擔任社工師。今年四月因澳洲解除了入境管制，我才能再去探望女兒，同時也探訪了邱教授夫人，我向邱夫人提起希望能將過去邱教授在《民報》發表過的文章集結成書，邱夫人欣然表示同意，所以我回台灣後立即著手將這本書編輯完成，並請邱夫人寫一序文，邱夫人的序文詳細描述了邱教授生病期間受到的肉體煎熬，卻在病榻上不忘為《民報》撰稿與關心台灣的心境，又描寫了他們夫婦的結識和戀愛經過，夫妻情深令人感動。也請李筱峰兄寫一序文，深入介紹了邱教授文章的特質和功力，這樣子我們用「民報文化藝術叢書」的名義來為邱教授出版他的政論文集，也算是我們對他永遠的追思和懷念。

但願喜歡看邱教授政論的讀者們，都能擁有這本邱教授的紀念文集，從中可以體會這位令人懷念熱愛鄉土的旅澳學者，他一輩子最後的時間，所寫「句句為台灣吐盡心頭血」的結晶作品。

二〇二二年六月二十日於台北民報

序 「老頑童」春蠶吐絲

李筱峰

一九七四年，我因為在當時言論最前進的《大學》雜誌發表文章批評我當時就讀的政大教育系，遭政大勒令退學，轉學到淡江。但政治的高壓沒有遏止我對時局的關切。當時「黨外」民主運動正熱烈展開，一九七五年八月，一本「黨外」民主運動的政論雜誌《台灣政論》創刊。這本標舉「民間輿論的發言台」的月刊，繼《自由中國》、《大學》雜誌之後，「在批判官僚制度的行徑上，在閉鎖的環境中所造成的諸種不合理的事象，發揮『掃除髒亂』的功能。」。但是《台灣政論》只出刊五期，就被國民黨當局勒令停刊！

被國民黨當局拿來作為停刊「理由」的一篇文章叫做〈兩種心向〉，該文談論鋼琴家傅聰與一位中國出來的柳教授的談話，因觸及台海關係與台灣前途問題，國民黨當局以該文「煽動他人觸犯內亂罪，情節嚴重」為由，下令停刊。我身為關心台灣前途的「憤青」，每一期必讀《台灣政論》，這篇觸及國民黨敏感神經的〈兩種心向〉，我當然詳讀，而且對作者的大名留下深刻的印象，他就是澳洲昆士蘭大學教授邱垂亮。那是我第一次留意到「邱垂亮」的名字，不僅印象深刻，對這樣一位關心台灣的海外學人更是深深感佩！

我萬萬沒想到五年後，我擔任康寧祥主辦的《八十年代》雜誌的執行編輯，參與「黨外」民主運動，而與黑名單解禁回台的邱垂亮教授開始見面結識，成為忘年之交。他算是我的老師輩，但平易近人、愛開玩笑的他，則把我們後生晚輩當平輩朋友。

二〇〇〇年民進黨執政後，邱老師更常回台，我們見面的機會更多，更加讓我感受他幽默風趣、愛開玩笑的性格。

邱教授在海外長期替台灣發聲，為澳洲與台灣關係鋪路牽線，在海內外不斷為文，為台灣的民主自由呼號，啟蒙大眾。在台灣的民主運動路上，他是一位堅毅的勇士！一位「個子不高」的巨人。

一般學者寫政論，總是中規中矩，力求所謂「理性」、「客觀」，因此他們的文字往往艱澀索然。但是邱垂亮老師的政論，則大異其趣，他的政論裡面有許多他的身影、他的故事，喜怒哀樂，嬉笑怒罵，生動活潑，所以他的政論，像是文學的散文。這種散文式的政論（或說政論散文），使人讀來津津有味，讓讀者融入他的心境中。我個人寫政論，也偏好如此表達方式，所以我與他可謂「臭味相投」，他也因此很賞識我，每次回台邀宴彭明敏教授時，我常獲邀敬陪末座。

雖說邱老師的政論常有他的喜怒哀樂、嬉笑怒罵的心緒，但是他並非莽撞無理、不顧大局之人。舉例來說，我們支持蔡英文當選總統後，蔡英文在第一任內的許多言行讓獨派人士不甚滿意，（詳見李筱峰69回憶錄《小瘋人生》）。一向很支持小英的邱教授，也對小英有很多不滿意，屢次為文評論。我與他幾乎看法一致，也有數篇文章評論蔡總統，他對我的評論也「心有戚戚焉」。小英準備競選連任前的民進黨的黨內初選時，我和邱教授都支持賴清德，但是我們當時即表明，最後誰出線就支持誰，這是「大敵當前，大局著眼」的思考。民進黨初選結果，小英出線，二〇二〇年總統大選時，已經罹癌的邱老師，極力支持小英，在澳洲組織「小英後援會」，抱病挺英，為小英募款。

邱教授不幸於二〇二一年三月十三日過世，綠營很多識與不識者，同表哀悼。但是卻出現有位傅姓律師藉機在臉書上面取笑邱教授和我，傅律師留言說：「『不去投蔡，等於投韓』這句話只能嚇嚇邱垂亮、李筱峰這些書呆子，嚇不了二〇一六年以後的彭明敏和一九九六年以後的我。」。所謂「書呆子」看如何定義？通常「書呆子」是指死讀書，食古不化、食經不化、食文字不化、不知變通，不懂因時制宜、不知忖度主客觀環境、毫無謀略……的頭腦僵化者。如是觀之，食「台獨」口號而不化者，用二分法看事物者，才是十足書呆子。

邱老師（有時候我們稱他「亮公」）當然不是書呆子，他頭腦靈活而不空喊口號。他被中共列為「台獨頑固分子」，但是邱教授靈活回應：「我不是『台獨頑固分子』，我是『民主頑固份子』。」邱老師的回應太好了！這正是我追求台灣獨立的理由。我們不是為台獨而台獨，是為民主而台獨。

去年（二〇二一）年二月，邱教授邀集海內外的好友在Line上面組了一個群組。在二月十七日的Line群組上面他寫道：

……前年底韓國瑜旋風橫掃台灣。民調都說小英二〇二〇必敗。彭教授等三大老，公開請小英不再競選連任。我贊同，並建議賴清德挑戰小英。賴初選失敗，我和筱峰支持英德配。我出任布里斯班小英後援會會長，辦了一個很大的募款晚會，募了一筆競選經費。她大勝我大喜。她第一任時，我就認定她不會推動我的台獨議程。曾傳話給她，表明支持她的富國強兵政策，但會繼續堅持我的台獨立場。故有此台獨障礙之文。

〔按：是指他當天發表的〈台獨的障礙——習皇帝、趙少康和小英〉一文〕

此後數十天，他經常在Line群組中留言，抱病依然談笑風生，開著玩笑當「老頑童」。三月十一日，邱老師在line上留下這句話：「親朋好友，大家平安！我現在住院，非常虛弱，暫時不回答各位的關心問候。非常感恩！🙏」兩天後，三月十三凌晨，「老頑童」離開我們！

我們的摯友陳永興醫師將這位「老頑童」近幾年來在《民報》電子報上面的文章收集成冊出版。這是邱垂亮教授春蠶吐絲般對台灣的關愛，對民主的維護的最後心聲。

二〇二二年六月九日　於國立台北教育大學台灣文化研究所

序　回首來時路

林月琴（Flora Chiou）

垂亮與我雖然都在二戰開始前後誕生於苗栗山城，但成長歲月我一直都在苗栗市南郊龜山，他卻遠在公館鄉出磺坑，七歲又搬到更遠的台南東山區牛山礦場深山裡，在我進入台大之前我們是完全不知對方存在的兩顆行星。

一九五八年是台灣有史以來唯一不分組的聯考，那時我不懂自己的志趣，選校不選系，依照家人的願望甲乙丙丁組最高分都選，得分四百一十，考上第二志願台大外文系。台大外文一大堆才子才女，那一年北一女畢業生有三十幾位保送台大。第一名胡建華，她可選擇任何科系，但父母不讓她學醫，只得選外文，出國後才改行，後得哥倫比亞大學醫學博士，也曾是台大醫學院教授。第三名李明明，巴黎大學博士，中央大學藝術學研究所創所所長，還有其他男女同學也都在各行各業有傑出的成就。很明顯的，因為沒分組，文學並非我們第一志願，畢業後出國為工作、為家庭、為興趣都改行念其他科系，不像垂亮那一屆出了許多作家，如白先勇、王文興、陳若曦、歐陽子等等。

一九五八年的中秋夜，天高氣爽，大二的學長在螢橋（中正橋）下淡水河濱舉辦迎新晚會，我們的班代表陳家明把他同寢室的「老頭子」邱垂亮介紹給我，說同是苗栗的客家人。在朦朧的月光下我沒特別注意，只感覺怎麼有那麼奇怪的人，年紀輕輕的就叫「老頭子」。講到他的名字，真是落落長，他一直認為文責自負，所有中文寫作都用邱垂亮，我只看過一篇〈政治犯出來了〉用筆名林亮人（我的姓，兒子名），那是因為他在《首都早報》當總主筆時，社論可以不署名，但同一天出兩篇文章時必須有作者名字。小時候父母親、阿姨等用日語叫他「亮兒」，或客語「阿亮a」。也許從小就是「模範生」，在牛山被其他大人、小孩叫「老頭子」（Old Man=OM），一直叫到老。大學有段時間取名James，因喜歡《養子不教誰之過》的James Dean（詹姆斯・狄恩）。英文用王雲五字典的拼法Chwei-Liang Chiou，這是他所有正式文件名字，但這個名字太難拼，外國人或自己出書都簡寫成C. L. Chiou，或只叫姓Chiou與簡單的C. L.。韋氏拼音是Chui-Liang Chiu，中國拼音Qiu, Chui-Liang，在尋找他的著作時，因地制宜必須知道這些拼法。孫子出生後用客語叫「阿公」（Agun），晚年則被生徒們稱為「亮公」（Lianggong=LG），鍾老（鍾肇政）的客家專用語阿「亮牯」（Lianggu=LG）。但他晚年也喜歡人稱呼他LG=Life's good（美好的人生），就像韓國的電器品牌。我習慣叫他OM，因他給我第一封信，就叫我MH，自己署名垂亮，第二封就開始全部改稱ＯＭ。我們訂婚時很窮，買了兩個很小的純白金戒指，上面刻著的是ＭＨＯＭ。我的名字倒很簡單，就是林月琴，大二被會話課老師Father Murphy取名為Flora Lin，意為森林裡的花草。結婚後改為Flora Chiou（中文沒有改夫姓），Moonharp＝Moon Harp＝ＭＨ是他的直譯。多年後曾問他琴也可翻譯成鋼琴piano，為什麼一定要豎琴harp，他得意洋洋說：「小孩子不懂，ＭＨ也可以是My Honey，My Heart啊！」哈哈，這個詭計多端的老頭子，一開始就存心不良，還說什麼不是浮世的「追」。

言歸正傳，經過高中三年寒窗苦讀，剛從聯考壓力解脫的我只想身心自由地體驗大學生活，迎新會後也沒多想，很快就忘了。寒假過後，椰林大道兩旁杜鵑正在盛開，他把家明拉來一起到傅園旁的女生宿舍邀我去碧潭划船，我藉口要期中考，拒絕邀請，他們只得悻悻然離去。

一九五九年暑假過後，他又跟家明一起來邀看電影，又被婉拒。真正開始慢慢地瞭解他是在一九六〇年的暑假，他在台中成功嶺受訓，七月十二日寄出第一封他所謂「不是浮世的『追』」的信，而只想跟ＭＨ談談音樂、文學，但信中卻讓我覺得「怎一個愁字了得」。為了不使一個年輕人頹廢下去，我回了一封鼓勵的信。從此開始了他漫長的文字攻勢，雖然常是他寫了好幾封我才回，他還是雀躍萬分。受訓完，大四新學期，透過家明他得知我選了心理學，他也選了，這樣他每週都會來封限時信邀請或要我課後告訴他可否接受週末的活動，但他都沒有成功。他曾狂言要燒女生宿舍，我當然沒在怕，但後來想想也覺得他滿可憐，雨中來，淚、雨不分中離去。那時我已知道他嘉中同學有個念台大護理系妹妹很喜歡他，她寫信給我，也來找過我，我都鼓勵她繼續努力，我們真的不是一對。我忙，上課外一個星期最多時要跑三個家教，也想出國。但以後他學乖了，他不再透過任何人，他發現我家教地方，邀不成去看電影時，他說家教後要接我回宿舍，新生南路與仁愛路交叉口和台北橋是他最常站崗的地方。經過兩三年折騰，我終於由同情到被他的真情感動，決心「執子之手，與子偕老」，即使有淚，甜蜜和溫馨永不疲憊，堅信總有一天會有屬於我們的時光，能有一個嶄新的世界，一個閃耀充滿希望的世界。

在台大，年少輕狂的他像一匹脫韁野馬，若不是一股愛的力量逼他出國，伺服他的也許就是被退學或監獄。當時他被選為班代，想要與國民黨推出的代表、經濟系的潘秀江競選台大學生會會長，我極力反對他雞蛋碰石頭，因秀江高中跟我同窗三年，我很瞭解她。一九六一年畢業，等待服役，暑假我們都留住宿舍。家教、田園的一杯檸檬水與古典音樂、椰林間漫步、工學院前草地上談心觀日出、西門町的電影與附近的燒鴨和小黃瓜、金山野柳的郊遊，還有那七月十二日無眠夜，在文學院樓上傳出韋伯的〈邀舞〉與令人泫然的舒曼的〈夢幻曲〉，一切宛如昨日，如今在那古樹下尋夢的老人與孩子已是天上人間。

快樂時光總是飛逝而去，八月他先在士林受訓兩個月，緊接著被分發到澎湖服預官役。他的辦公室和寢室是在一間廟宇的進口處看門神的官邸。他形容：

不管我坐著、躺著，對面就兩位堅毅地站在那裡的守門神，他們的高大有MH的三倍，相貌是又兇又惡，嘴巴紅紅的裂得又大又歪，面黑忽忽地呈猙笑貌，兩眼瞪得大大地，眉毛刷子一樣地下垂著，手上拿著一根大棍子，好像先要把你打成一堆肉醬，然後再把你吃掉似的，總之他們心腸是仁慈的，但是外貌卻如山魑鬼魅，此之謂人不可貌相也。

他說來到這個島上他的活動範圍就是廟宇、海、電影院和一家放古典音樂的冰果店。他說這四個地方有個共同點就是他在那些地方都非常寂寞，非常孤獨，所以他養成了每天日記式的寫一封限時專送給MH。五個月後移防台南新化，擔任排長，後又移駐嘉義內埔，他不喜歡圍牆內駐軍的生活，但還蠻喜歡那段圍牆外翻山越嶺行軍的日子。

從這一年的「軍中日記」我瞭解不少他童年的生活，在日本當護士長的阿姨口中的聰明伶俐又頑皮的小孩。他會為大哥出氣，把比他高大的人打倒，當母親拿起竹子要打他時，他一溜煙的就跑了，從來沒法追到。他《三俠五義》之類的書看多了，想當濟弱鋤強的遊俠。喜歡幫助弱勢，對窮困者的憐憫深深刺痛著他的心靈。小時就結交了二個啞巴，在軍中又碰到一個，學會了手語。他曾描繪其中的一個小啞巴：

記得有一次，天下著傾盆大雨，我們照例抓住這個良機突襲，龍眼正值最甜的時候，雨下得那麼大，主人不會有興趣出來巡邏，我們放肆猖獗，爬在龍眼樹頂上，又吃又採，正心花怒放，得意忘形的時候，一聲「吧啦」，有人掉下去了，我低頭一看，是小啞巴，雨水把龍眼樹澆得非常滑，他一不小心，就摔下去，樹大概有一丈多高，我感覺不妙，趕快兩三把急速下降，等我站在他的身旁時，他已經好好地站在那裡，我用手勢問他是否還要再爬上去，他搖搖頭，一邊吃龍眼，一邊走回家，很悠閑樣子，只是右手沒有在擺動，第二天我才知道他的右手已經完全摔斷。

在我們那個小村子裡面，憑著我的一點小聰明與山中無猛虎的情況下，我的書念得頗有盛名，小啞巴對這點也許太嚮往了，拇指一翹，衝著我咧齒一陣子傻笑，表示了他的欽佩與羨慕，後來……偶爾我們再度見面他依然是一翹拇指，一陣子傻笑，充滿了純厚的真誠。

他也談了很多電影和人物，蔣廷黻、胡適、葉公超、殷海光、余光中，甚至國外的邱吉爾、史懷哲、畢卡索，與一九六一年去參加停火談判，飛機墜毀身亡，後被追授諾貝爾和平獎的聯合國秘書長Dag（台灣翻譯成哈瑪紹），只要他讀過的書或報上出現的人物，他都會評論，中心思想是人道主義與追求自由民主人權的渴望。

一九六二年六月我畢業，準備在苗栗高中教一年，籌備出國旅費。八月他服役完，沒接受曾約農老師推薦的鳳山陸軍官校當英文助教，而去了沒有見面會談過、辛志平校長就發聘書給他的新竹高中。最重要的理由是我在苗中，他每週都會來苗栗看我兩次，同時也家教。那時他們家還在牛山，所以來苗栗都住在他小學班導師董國英老師家。一直到他要出國前幾個月，他們家才搬回苗栗，但他還是習慣住董老師家。經過一年辛苦籌足旅費，預備一起到加州聖地亞哥州立大學（San Diego State University，SDSU）。八月我們訂婚，但最後一刻我的體檢因肺部陰影（結核鈣化）被擋，他九月十七日經日本飛美，我一九六四年二月二日才出國。整整四個半月，那是我們決心攜手同行後最長的分離，對雙方的折騰難以言喻，他又日記式的把所遇所學全都紀錄下來，也因此我還沒出國就已瞭解一九六〇年代留美生活。他到達聖地亞哥第三天就註冊，跟研究所的所長Dr Lemme會談後來轉系成功。這所長在SDSU位子等於副校長，剛跟校長Love一起頒發榮譽博士學位給美國總統甘乃迪，但幾個月後甘乃迪就被槍殺了。

一九六七年八月我拿到南加州大學（University of Southern California）碩士學位，同時就在加州州立大學的富勒頓分校（California State University, Fullerton）找到工作，也結束我們半工半讀的艱苦歲月，他得以全神貫注完成他的博士課程與論文。一九七一年他拿到加州大學博士，來澳洲昆士蘭大學任教。一開始他想回台，希望在台灣制度內改革國民黨的專制政治。他參與轟動一時的第一屆「國建會」和「革新保台」。在《人與社會》寫文章，當社務執委，但最後還是因一九七五年《台灣政論》的一篇文章〈兩種心向〉成為黑名單，三年不准踏進家門，以後十幾年每次回台都需要經過冗長繁瑣申請特許。而當年一起開會、辦雜誌，蔣經國想吸收的台籍學人都去做了大官。

一九八〇年代，他寫了很多文章，台灣的民主化風起雲湧，大步邁進。繼林義雄家與陳文成悲劇後，一九八五年特務殺到美國舊金山，他很失望，在香港《中報月刊》發表〈蔣經國先生應該下台了〉，這篇文章還被台灣多家雜誌引用，他竟敢在太歲頭上動土而怡然自得。這段時間他也常去中國社會科學院、北京、人民、杭州、復旦等大學講學，講西方民主化的理論，也講台灣正快速民主化的經驗。因而結識了許多民主改革派學者和學生，如嚴家其、方勵之、蘇紹智等等。他也參加了第一次北京香山和第二次廈門鼓浪嶼的「台灣之將來」會議，那是鄧小平開放改革讓中台兩邊統獨學者對話的年代。一九八五年一月他還帶著我和小女兒，由國台辦重點招待的從北京、西安、上海、蘇杭、廈門、鼓浪嶼繞了一圈，看了大半中國河山。一直到一九八九年六四天安門事件，民運人士被迫害，逃的逃、關的關、殺的殺，十年來他對中國民主宣揚、嘶喊，曇花一現，悲情、絕望落幕，他也從此不再踏上中國的土地。

一九九三年十月初，他回淡江大學客座，在《自立晚報》的〈晚安台灣〉對著跟我同時期在南加大唸研究所而認識的蔡同榮說：「（那時蔡勸他回國實際參與政治，他拒絕）……對我，是寫出一兩本經典之作，向世人闡述台灣人民流血流汗創造民主現代化政治奇蹟的經過。」他的「雄心大志」是，「將來在英美西方政治學界，台灣研究成為顯學，研究台灣政治發展必讀我書」。一九九五年他終於完成英文本*Democratizing Oriental Despotism*（東方專制民主化）由英國Macmillan Press和美國Scholarly and References Division, St. Martin's Press出版，這是從文化與制度決定論的不同角度，解說民主化在中國失敗，在台灣成功的理由，基本上論述了他對民主發展的看法。去年四月為了把他的著作寄回國史館，想買這本書（因我們只有一本，寄回去就沒了），打開Google一看，精裝本竟要價兩百多塊美金。今天（二〇二二年六月十五日）再輸入他的名字與書名，四十一秒鐘，包括書評竟跳出一萬兩千一百條。這本絕版書在美國售價精裝本$131-286，英國Palgrave Macmillan出版了電子書（e-book），精裝本一百三十五歐元。劍橋大學出版社也上線了（online），一本要六十五美元。

台灣研究似乎已成為顯學，在天上的他，一定很安慰現在英美西方政治學界都在讀他的書了。

一九九七年夏，我們去布達佩斯開亞非學會年會，OM要發表論文，會前先去巴黎，這是我們第二次遊巴黎。下了飛機，我們自己直接搭火車到巴黎市中心，住在事先預定好塞納河岸的旅館，預備漫步巴黎，迤邐塞納河。有一天，在羅浮宮廣場，四、五個吉普賽小孩，一人拿寫著不太像法語的紙板往他懷裡一揣，他還沒搞懂什麼意思，他們就一窩蜂跑走了。他也沒感覺什麼不對，直到要買票進去時才發覺皮包不見了。那次我們走遍塞納河兩岸的大街小巷，報警、辦新護照、簽證、取消所有信用卡，再趕飛去布達佩斯。開完會有個惜別盛宴在皇宮舉行，當我們去赴宴，剛上車就有旅客大喊「My wallet, my wallet（我的錢包，我的錢包）」，又是錢包被扒走，火車已動，他還是跳下去找錢包，那情景真是終身難忘！一九八八年是他第九次，也是最後一次的中國之行。在西安因擠公車也被扒走皮夾，損失慘重，裡面還有一張他心愛的全家福，故事也上了報紙。他從年輕時就有個習慣，把喜愛的雜誌或自己的文章放在背包或大褲袋子裡，隨時可以閱讀。一九九〇年在台北，還因有這習慣，而物歸原主。這次他不需要取消與重新申請任何卡片，所以最近我才從他的剪報夾裡的一篇文章得知。他損失最慘重的一次是二〇〇八年，中國的詐騙集團賣「黃金」賣到他的辦公室。這個集團一定是專業的慣犯，並且也許跟昆大孔子學院有關，因為騙徒太瞭解他，連他的思想，親台反中共都知道。他們避開家裡，用窮苦的工人、客家鄉親為藉口，到辦公室找他，詐騙手法、設計，天衣無縫，過程複雜，一言難盡。結果被騙了七萬五千塊澳幣。事後才覺可疑，還叫Mattel拿了一塊到台灣去驗是否真金。二〇一一年大水災，那堆「黃金」全變成掩埋物。他一生都淡薄名利與錢財，每次被騙、被扒、被偷後都會自我解嘲，錢是身外物，就認為把它捐給窮人、救濟院好了。

二〇〇〇年陳水扁打敗連戰，台灣政治奇蹟的第一次政黨輪替。二〇〇一年他再回淡江大學客座三年，他把所有時間、精力都奉獻給台灣，教學、開會、演講。他沒接受任何官位，不領政府薪水，卻無怨無悔的為台灣出國訪問，與他國政、學界對話、宣導政策。他還有幸被彭明敏教授看重，參加他主持的幾乎每年兩次的亞盟年會與會議，和很多國家政、學界人士交流。我也很榮幸地跟著他們，全球走透透。他常說和彭教授一起打拚，是我們人生的一大榮譽與快樂。

想起一九六〇年代我們在台大時看過的，由華倫比提和娜妲麗華領銜主演的電影《天涯何處無芳草》（Splendour in the Grass），這首詩來自華滋華斯的〈頌：永生之暗示〉。誰也不能使時光倒流，但願來生，我們仍能攜手前進。

頌：永生之暗示

也曾燦爛輝煌，而今生死兩茫茫。

儘管無法找回當時
草之翠綠，花之芬芳。
亦不要悲傷，要從中汲取留存的力量。
……

目次

序　吐盡心頭血句句為台灣／陳永興／013
序　「老頑童」春蠶吐絲／李筱峰／016
序　回首來時路／林月琴／021
眾叛親離的總統應該下台／037
蓋棺論定太陽花／043
Thucydides Trap——中國一定打台灣／049
台灣要有罵總統的法官／057
我反叛所以我們存在——卡繆和彭教授、台灣和香港／061
中國人真的差很大／066
人命價值——囚犯的故事／072
雞同鴨講——兩位老李的價值判斷／079

施明德——時代錯誤（anachronism）的候選人／086
我的三國演義——阿輝伯的祖國論／092
藍綠之別——我和星雲／098
黑水溝很深，文明差距很大／102
沒有名分上床叫通姦——馬習會／109
敵我分明——親美、抗中、反IS／116
民主還是有用——澳洲批准呂前副總統訪澳簽證／123
荒謬的三國演義——TW、ROC和PRC／129
叫台灣不是激情、不叫台灣是冷漠／136
空包彈——「一中原則」和「一中政策」／144
以牙還牙——對中國要實力反抗／153
震撼心靈的沉默——我的宗教觀／156
中國打台灣就是台灣獨立／161
華府看錯天下、台北也看錯天下／167
台灣——I Am A Rock, I Am An Island／174
重演歷史悲劇——習皇帝的中國夢／177

錢買不到的價值抉擇——澳日軍事聯盟的歷史意義／182
政府民調低落和民心所在／187
有用嗎？用錢買邦交／190
台灣和澳洲——同仇敵愾／194
差很大——小英比阿輝伯和阿扁／197
非解不可的心結——英德之戰的羅生門／202
夜路走多了見鬼——孔子學院／209
台灣人的必然抉擇——斷交、獨立與統一／213
香港的啟示——沒有中間選民的抉擇／217
台灣前途——彭明敏、蔡英文和賴清德／220
沒有自由和透明——「中國模式」的迷失／226
過氣的政客——陸克文、季辛吉與馬英九／231
淡如水——阿輝伯和我／237
台獨之路——實質到法理獨立／240
台灣會亡國？——小英總統的歷史定位／244
最大的賭博——台獨之戰／248

頑固的台獨和頑固的專制／252
我寫我存在——住院三個月的零星回憶／255
不屈服——澳中貿易戰／263
不是Utopia——地球村／266
有夢最美——人民革命／270
台獨的障礙——習皇帝、趙少康和小英／274
不是忠誠的反對黨——會出賣台灣的趙少康／277

附錄一　邱垂亮教授年表／林月琴　整理／280
附錄二　阿公／邱奕雲／338
附錄三　致父親／邱亮人／347
附錄四　邱垂亮的「兩種心向」和「台灣政論」／康寧祥／351

眾叛親離的總統應該下台

我曾分析，國民黨雖曾是列寧黨的孿生子，但經過幾十年台灣民主現代化的洗禮，應不再像一黨專制的中國共產黨，僵硬專制，雖未台灣化（阿輝伯努力不夠）卻也多少已多元化、民主化。

因此，國民黨內應有深藍、淺藍、急統、緩統的多元面向，意識型態及政策取向的光譜有多元的分裂、分配。

因此，我曾問，國民黨的領導層、眾信徒，有多少認同馬英九的急統作為，願意跟他急奔北京邁向終極統一？

一再騙票得逞

馬英九二〇〇八年以緩統競選政策騙票，贏得政權。二〇一二年故伎重演，又再次欺騙台灣「呆胞」得逞，連任。

之後，為了歷史定位，終極統一心態急速浮現，爭取「馬習會」，和北京訂了一大堆「以經促統」、「以商逼政」、沒經過國會審議通過、更沒經過人民投票同意的一系列ECFA等出賣台灣主權的協議，把台灣鎖入「一中」框架的政治陷阱。

越走越急，越向「一國兩制」香港模式的急統路線前進。終於在服貿協議的簽訂上成為最後一根稻草，壓倒了台灣人民的「呆胞」耐性、善良習性，而由還沒被「呆胞化」、有理想、智慧、勇氣的學生，發動三一八突擊占領本來就是人民的立法院，爆發了「太陽花」學運（其實已成革命），野火燎原，燒紅了台灣的半邊天，震撼了全世界。

馬英九的權謀反應是不沾鍋，先推給立法院長王金平，王不理，再推給他的黑臉伙伴行政院長江宜樺。七、八天後被迫講話，竟講得黑白不分、是非顛倒，不痛不養，除了依然自我感覺良好外，毫無面對現實，提出真實解決危機的可行方案。就是硬拗，那付嘴臉，實在令人作嘔，看不下去。

除了他的鏡子裡找到的金溥聰和江宜樺，我真要問吳敦義、王金平、朱立倫、胡志強、郝龍斌、連勝文等國民黨領導菁英，你們真的同意馬英九橫柴入灶、簽訂服貿協議的作法？他的服貿協議真的能解決台灣的經濟困難？ECFA訂了幾年了，台灣經濟越搞越糟，服貿真能拚台灣經濟？馬英九急著要「馬習會」、歷史定位，這不是急統，不是出賣台灣國家主權，什麼是急統、是出賣台灣國家主權？

馬英九鏡外還有同志？

你們真的認同馬英九的急統意識型態，追隨他的急統政策？顯然不一定。去年（二〇一三）九月爆發馬英九和王金平的權力鬥爭，馬違法違憲，王的官司打勝，馬打敗，滿臉豆花，難看之極。馬要開院際會議處理三一八危機，讓王金平和江宜樺背黑鍋，王依據憲政原則不理，又讓馬難堪。馬的另一個黑臉打手檢察總長黃世銘和馬一起亂搞，違法違憲，被判刑，黃難堪、難看，馬更是難堪、難看。

還有，連勝文罵馬英九是「大明王朝」，要選台北市長，馬明顯反對，和丁守中（另一馬的打手？）爭市長候選人爭得面紅耳赤，六親不認，連戰大跳腳。胡志強得不到馬的關愛眼神，一個院長都當不上，留在台中窮途末日，再選食之無味、棄之可惜的市長，必輸（我的評斷），不氣爆？朱立倫一樣，和馬不對味，不是他鏡子裡看到的人樣，要和江宜樺爭二〇一六（總統大選），馬看不順眼，朱大概像老胡一樣只好留在新北市，再選食之無味、棄之可惜的市長，能不鬱卒？郝龍斌和馬英九更是貌合神離。郝提議讓阿扁保外就醫，馬不理不睬，他的核電政策也和馬合不來。今年後他要落腳哪裡？還真看不到。

至於吳副總統，本來是二〇一六（總統大選）第一順位人選，卻早已成前副總統李元簇的孿兄弟，無聲無息，人樣都沒了。

除了鏡子裡找到的金溥聰、江宜樺，建立的孤單的馬金江體系，在國民黨內，馬還有其他真正志同道合的死忠信徒？怎麼看，都沒有。不僅全台灣，連在國民黨內，馬英九已成名副其實眾叛親離的孤家寡人。

馬已站在歷史錯誤的一邊。我要問的是，吳敦義等諸大臣，還不驚醒，還要和他一起站在歷史錯誤的一邊？不和大部分（百分之八十）的台灣人站在一起，作對的事，要求、甚至逼迫馬下台？

不走人就趕人

他已失去台灣民心，應該下台，無庸置疑。他不自知自覺，鞠躬下台，台灣人民應該趕他下台，送他去北京頤養天年，應也無庸置疑。

這是有一大堆歷史先例的事情。專制國家，如前蘇聯的戈巴契夫、菲律賓的馬可仕、南韓的全斗煥、利比亞的格達費、埃及的穆巴拉克等，不談。既使在民主國家，內閣制的總理下台像跑馬燈，也不談。在定期選舉、任期保障的總統制國家，也有總統失去民心辭職下台的前例。

一九七四尼克森因水門事件引起公憤，國會要罷免他，成為美國第一位任職沒滿就被迫辭職的總統。過去兩年，因人民革命迫使民選總統辭職的有兩位，特別令人側目。一是埃及的莫西（Mohamed Morsi），二是烏克蘭的亞努科維奇（Viktor Yanukovych）。

阿拉伯之春的茉莉花革命引爆埃及的人民革命，推翻獨裁執政三十年的穆巴拉克政權，制訂並公投通過新的民主憲章，之後成功舉行民主的總統選舉，選出穆斯林兄弟會的莫西為總統。但莫西的基本教義派政策引起爭議、反感。很多埃及人再度走上街頭，莫西採取強力鎮壓，殺傷示威民眾，引發政變，被迫下台。

亞努科維奇是烏克蘭的民選總統，但心態、政策東進，向普丁專制領導的俄羅斯傾斜，違背多數烏克蘭人西進歐盟的心願。人民走上街頭示威抗議，亞努科維奇採取血腥鎮壓，屠殺示威民眾，造成公憤，群起趕走亞努科維奇。普丁趁火打劫，併吞克里米亞，造成新的東西冷戰。

雖然細節不同，但人民革命推翻民選總統的劇情相似。在民主國家，如果民選總統太背離民意、失去民心，人民發揮人民力量，甚至掀起人民革命，推翻民選總統，雖非民主憲政正常運作程序，但也合乎基本主權在民的民主政治原理原則。

抗爭到地獄結凍

當然，這些非正常的人民民主程序運作，要根據適當的比例原則，才不會違背民主程序正義。所以，如果馬英九能接受學生的溫和理性的要求，先制訂國會協議監督機制再國會審議服貿協議，就沒有非下台不可的劇情演出。不然，仍要硬拗、蠻幹下去，馬英九自作孽不可活，那就「天要下雨，娘要嫁人」，台灣人民沒有選擇餘地，只有堅持三一八的學生占領立院、三百三十萬人的凱道示威遊行，無限期地抗爭下去，直到「地獄結凍」、馬英九下台為止。

馬英九不信邪，我們拭目以待。

二〇一四年三月二十九日

蓋棺論定太陽花

台灣學生發動三一八反服貿太陽花運動，進入十九天，經過三月二十三日行政院流血衝突、三月三十日五十萬黑杉軍凱道示威，震驚、震醒台灣，也震驚、震醒世界，世人看到了台灣的存在，台灣人看到了台灣命運的所在。

但是，馬英九還是目盲、耳盲、心盲，好像什麼也沒看見、聽見，沒有人性應有的同理心、同情心，也沒有理性分析、瞭解、處理事情的能力，只會死鴨子硬嘴，跳針地重覆已沒人相信的「服貿不通過台灣會完蛋」的鳥話，真讓人看得目瞪口呆，不知這位仁兄是何方神聖？是人、是鬼？為什麼台灣人會經過民主程序兩次選出這樣不食人間煙火、不知鹿茸是何物、「中國人幹出來」（白狼的名言）的怪胎。

他老兄就是不退回服貿協議，就是不先立法制訂程序正義的國會審查條例再審議協議，就是要用奧步，強渡關山，通過服貿，向北京交代，製造「馬習會」的條件，等領諾貝爾和平獎。

他權謀算盡，要以拖待變，讓學生耗在立法院精疲力竭、無以為續，人民、媒體也慢慢失去興趣，而回到他相信的「過幾天大家就會忘記」的天下太平。他甚至可能等機會，等學生耐性、警覺性失去的時候，強力反撲，暴力鎮壓，把學生抓去關起來。

他當然大錯特錯，但是他和學生的僵局對立，可以把危機拉長、拉細、拉小，卻也「政治正確」，有其戰略眉角，不能忽視。

總之，這個僵局還沒解，是悲劇、還是喜劇收場，有待觀察。要把這場現在進行式的歷史大河劇蓋棺論定，更是妄想，當然是不可能的任務。

可以作歷史論定

不過，這些日子，每天想這個美麗的太陽花想成花癡，越想越覺得非給她一個真實理性的蓋棺論定不可。其實，很多事情道理簡單，真理明確，一看、一想，就清楚。要幾句話說清楚、講明白，不難。這裡，我想提出幾點歷史論定，只是概念，詳細論述以後再說。

一、不管太陽花學運的結局如何，是喜劇（任務達成）？悲劇（六四天安門）？歷史一定記載，她是成功的一戰，學生打得漂亮，贏了；馬英九打得很爛，敗了。

二、不管馬英九能否運作國民黨的多數暴力，我行我素，硬在立院橫柴入灶，一字不改通過服貿協議（我認為他不可能），他都是輸家，因為太陽花已讓他醜態百出，失去強行通過該協議的合法合憲性，台灣人民一定不會接受。

三、馬英九六年來推動中國化，要台灣人認同中國，當中國人。眼看台灣快要消聲匿跡，台灣人的認同危機要惡化，太陽花讓台灣堅強站起來，從新出發，回歸阿輝伯的「兩國論」、阿扁的「一邊一國」的台灣論述時代。無疑地，太陽花振臂一呼，台灣贏了，中國輸了。台灣人贏了，中國人（馬英九）輸了。台灣獨立萬歲！

四、太陽花讓台灣的民主再見陽光，被證實是台灣的主流價值，生存的根基。六年多來，像中共領導人，馬英九運作大中華民族主義，一點一滴消除台灣的民主政治，一步一步恢復國民黨一黨、甚至馬氏王朝一人獨裁的專制政治。太陽花的光芒一現，馬的權勢陰謀就被視破、刺破。台灣人大叫，「台灣民主萬歲！」世人也大聲回應。

五、「台灣前途由台灣人決定」，本已不容置疑，但馬英九執政六年多就是在製造「台灣前途由中國人決定」的經濟、政治、文化氛圍和條件。太陽花的當頭一棒，把他的中國迷失（myth）打破，把台灣人要當家作主的意願、決心震醒。世人都叫，「台灣人萬歲！」

全世界都看到台灣

四月一日愚人節，白狼去立法院嗆聲，要把學生趕走，有人怒嗆「黑道！走狗！」，白狼反擊「你們不配當中國人！」太陽花的學生大笑鼓掌回應「我們本來就不是中國人！我們是台灣人！」許多民眾並順勢高喊「滾回中國！」「滾出台灣！」「黑道滾出去！」其實不僅在場學生、民眾，80%的台灣人都一樣大叫，「我們是台灣人！」

那個影像傳遍全世界，讓人看到台灣人的台灣認同，聽到台灣人「我是台灣人」的吶喊，真是響徹雲霄，振奮人心。

君不見，不僅是日本、美國、澳洲、歐盟等民主國家，連專制中國，都看到了五十萬黑杉軍的挺拔英姿，聽到了台灣人「我是台灣人」的吶喊。

CNN、BBC等大篇幅報導太陽花學運，都持肯定態度。《紐約時報》把中國對台的貿易協議比喻成特洛伊木馬。《紐約時報》還頭條報導三月三十日反服貿遊行，題為「台灣人遊行反對與中國的貿易協議」，詳細、公正地報導了反服貿學運的真情實意。《華爾街日報》刊出學運領袖林飛帆專訪，並以「年輕抗議者撼動台灣（馬英九）的中國政策」為標題。美國的《世界郵報》（The World Post）以「台灣的太陽花學運美麗奪目」為題，報導330黑衫軍凱道集結活動「理性平和」，「象徵這場學運的太陽花，更將活動現場點綴得美麗奪目」。活動當天數十萬人上街，表達對馬政府強行通過充滿爭議的服貿協議的不滿，以及針對中國對台灣日益巨大的影響感到深切質疑。

中國的中央電視台都播出半小時評論節目，討論服貿議題，受邀評論的中國中央人民廣播電台主任編輯張彬表示，若此次服貿協議退回，以後能否重簽將是個大問號。

日本時事雜誌《外交官》（The Diplomat）兩篇對太陽花學運的報導，一篇以台灣為民主奮鬥」為題，以俄羅斯併吞烏克蘭克里米亞對比中國對台灣的關係，認為台灣正在為民主奮戰，國際社會應該給予支持。

文章指出，台灣對中國之所以重要，是因台灣是北京挑戰區域或全球秩序的前線，因此習近平去年參加亞太經合會峰會時，向台灣代表說政治談判不可能無限期延後，以及今年（二〇一四）二月兩岸官員在南京會談時，中國要求台灣儘早通過服貿協議。

該文說，台灣之於中國，就像克里米亞之於俄羅斯，馬政府在與中國協議的片面決策過程，令人想起烏克蘭前總統亞努科維奇的獨斷獨行。當前台灣要求民主正當程序的社會運動，是力圖避免喪失民主。

Bloomberg View的專欄作家William Pesek的大作，〈中國是不是失去台灣（Is China Losing Taiwan）?〉，更是令人讀來動容、喝采。他一針見血點出，馬英九的領導方式像是在管理共產黨轄下的特區，並誤認這種中共政治局式的政治策略會被台灣人買帳。

他提醒馬，「不是在當區長」！馬若要靠攏中國，最好別學中國人那套。他說，馬試圖黑箱通過服貿，惹惱了數十萬的學生與群眾上街示威。直指馬英九似乎忘了他帶領的是一個民主國家，而不是共產黨轄下的一個特區。太陽花學運還意味北京與華府視為理所當然的兩岸寧靜，已經宣告結束。

向馬英九和中國說 Bye Bye

上面文章，還有很多國際媒體報導，都印證了我上述五點蓋棺論定，讓我想起不久前登在《民報》的小文〈向台灣還是向馬英九說Bye Bye?〉，文中提到芝加哥大學教授John Mearsheimer的論述，「Say Goodbye to Taiwan」。我不認為已經非向台灣說Bye Bye不可，其實應該向馬英九說Bye Bye。

現在太陽花為台灣的國家認同、台灣人的主權在民、成功的民主政治、反對中國併吞和馬英九的賣台行徑，提早作了明確的歷史論定，令人驚喜。我認為，台灣應該不僅向馬英九也向中國說Bye Bye了。

二〇一四年四月五日

Thucydides Trap——中國一定打台灣

四月底，美國總統歐巴馬國是訪問日本、南韓、馬來西亞、菲律賓等四國，偏偏沒去中國，講明了，就是要建構他的「pivot to Asia（轉軸亞洲）」的地緣戰略聯盟，圍堵崛起的中國，不讓其在東海、南海肆無忌憚地伸張霸權。

三十年來中國在鄧小平的改革開放政策下經濟起飛，追過日本，成為世界第二大經濟國，直追美國。有經濟學家認為二十年內ＧＤＰ將超越美國，成為世界第一經濟大國。同時，北京共產專制政權窮兵黷武，國防預算每年以兩位數字（平均約百分之十五）增加，快速超過俄羅斯，成為世界第二大軍事強權。開始在東海、南海揮灑權勢力道，要成東亞霸主，震驚不僅鄰國日本、南韓、菲律賓等東北、東南亞國家，連南亞的印度、南太的澳洲和太平洋東岸的美國，都感覺到了它的海嘯餘波，深感不安。

爭霸是大國的DNA

經濟大國變成軍事、再變成霸權大國，雖非必然，卻也是歷史常態。從古代的希臘、羅馬、秦和漢朝，中世紀的元朝、荷蘭、鄂圖曼、大英帝國，到現代的蘇聯、美國、中國，都是如此成霸權，成帝國，都在世界各地爭權奪利。

一次大戰前，德、英、法諸帝國，在歐洲爭霸權。二次大戰前，德、日崛起，再掀歐、亞爭霸。二戰後，美蘇兩帝國又爭世界霸權，在柏林圍牆兩邊「眼瞪眼（eyeball to eyeball）」，隨時可能擦槍走火，爆發大戰。二十世紀末蘇聯帝國崩潰，冷戰結束，鄧小平說的「新冷戰」隨即展開。廿一世紀初中國崛起，美中兩大強權的亞太開始爭霸。

芝加哥大學的現實主義大師John Mearsheimer，認為中國崛起一定不是「和平崛起」，太平洋雖大，仍容不下美中兩大超強帝國，遲早必有一戰。

最近學界很多人討論百年前爆發的第一次世界大戰。哈佛大學歷史學家Niall Ferguson的大作，The Pity of War，劍橋大學教授Christopher Clark的The Sleepwalkers: How Europe Went to War in 1914，被重視、分析。

哈佛戰略學者Graham Allison的名論「Thucydides Trap（陷阱）」更被認為是真知灼

見。他的論點有點像我們常說的「一山難容二虎」。

Allison研究十五個戰爭，提出古希臘將軍、歷史學家Thucydides的論述。該論說「一個新興強國和一個舊的權勢大國之間注定衍生衝突（conflict becomes ordained between a rising power and an established power）」。Thucydides的「隱喻」（metaphor）讓我們注意到，「就像紀元前第五世紀的雅典，一個新興強國和一個舊的權勢大國勢不兩立，必生危險。多數權勢挑戰以戰爭結束（the dangers two parties face when a rising power rivals a ruling power - as Athens did in the 5th century BC. Most challenges have ended in war）」。

雅典到一九一四

澳洲國立大學（ＡＮＵ）三月底召開了一個學術研討會「Asia Today——1914 Redux」，討論一九一四年大戰與今日亞洲。連我的老朋友、前澳洲總理、現哈佛客座研究員陸克文（Kevin Rudd），上月（四月十日）都在德國歷史博物館發表專題演講，對美、中、日之間戰爭的難免性（inevitability of war）發表鴻論。

這些熱烈討論，意見雖多元、複雜，也有論者如哈佛的Joseph Nye和ＡＮＵ的Hugh White，認為美中之戰可能但不必然，但多數看法認為，一九一四年二戰前的歐洲局勢，與目前亞太情勢相似，令人怵目驚心。

一九一四年，武力崛起的德國對宿敵英國，一新一舊兩大強權之間的舊恨新仇，錯綜複雜，難分難解，敵對、爭霸之勢，暗潮洶湧。雖然兩強的政治領導人都理性認為他們之間沒有敵意、戰意，歐洲戰略平衡、和平氛圍普遍存在，沒有戰爭的火藥味，但就是情勢比人強，一個誤會導致另一個誤會，結果擦槍走火，一發不可收拾。

大戰爆發前夕，德國的總理貝特曼・霍爾韋格（Theobaldvon Bethmann-Hollweg）還說，歐洲各國相處「和諧」（harmony），看不到「麻煩」（troubles）。英國財長、後來首相勞合喬治（David Lloyd George）戰前十天（一九一四年一月一日）也說，歐洲情勢二十年來最好（mostfavourable moment that has presented itself in the past 20 years）。

多年後，George承認，「我們糊里糊塗誤入戰爭（We muddled into war）」。結果，兩千萬人冤死在這一場莫名其妙的戰爭中，成為人類歷史一大浩劫。

都是 muddled into war

二次大戰前，世界兩大洋的權勢局面，和一戰前的歐洲有類似的地方，結果也「muddled into」人類歷史最悲慘的大戰。二戰後，美蘇冷戰四十載，沒成熱戰，蘇聯沒打美國。被 Joseph Nye 認為 Thucydides 陷阱論不一定對。其實專制蘇聯權勢增長雖大，但還沒大到可以挑戰（rivaled）超強美國，就在一九八九年內爆（imploded）而分崩離析。

後冷戰的三十多年中，中國崛起，跟日本、美國，一新一舊強權，在專制與民主之間，形成權勢對立，也即鄧小平一九八九年說的「舊的冷戰結束，新的冷戰開始了」。形勢的發展比人強，越來越像「摸著石頭過河」（又是老鄧的話）進入修昔底德（Thucydides）的陷阱。

今年一月，日本首相安倍在瑞士 Davos 開 G 20 大會時，提出目前中國崛起與一九一四年的德國相似，引起中國反彈，國際注目。

中國在東海、南海的權勢伸張，已觸動鄰國的敏感神經。尤其在尖閣群島（釣魚台）上，中國一步一步在挑釁日本。雖都是小步，挑的也是小島，問題都好像是小case，不是大「代誌」，但戰略學家、政治人物看到的不僅是那幾塊孤立在東海的大石頭，而是一九一四年的巴爾幹半島，認為中日兩大歷史宿敵正一步一步陷入修昔底德陷阱。

目前，這個前兆還沒有「muddle into war」的暴衝跡象。但假如美中兩強的權勢消長繼續擴大，北京認為、或誤判認為美國無力協防日本與中國一戰，更可怕的是，假如中國仇日的民族主義高漲、失控，或內部政經情勢激烈惡化（有可能），反中共政權的內亂、內戰一觸即發，為了危機處理，轉移目標，維持專制政權，中共以收復「固有領土」（釣魚台）為出師有名，發動對日戰爭。

打日本前先打台灣

這樣「muddle into war」的暴衝，正是Thucydides Trap的典型運作。一九一四年的歐洲是這樣，一百年後的東亞看起來也是這樣，誰敢保證不是、不會這樣？不少戰略學者都在大抓頭髮，大傷腦袋，思考這個無厘頭的難題。

我也大抓頭髮，大傷腦袋，但我的問題更簡單明瞭。我大傷腦袋擔心的是，這個修昔底德陷阱用在日本前，一定會先用在台灣。如果情勢如上述的scenario（劇情）發展，打日本前，中國一定先打台灣。打台灣，美國更不會出兵協防。何況，要打日本，不先打台灣，在戰略上講不通，理論上也不合理。當然，我的假設是，那時候，中國還沒有「和平統一」台灣。

不管如何，中國一定打台灣。台灣不願被專制中國武力統一，只有像以色列，獨立建國，堅持民主，整軍經武，隨時準備和中國一戰。不像烏克蘭，獨立後放棄核武，兵力不堪一擊，如今任由普丁的俄羅斯宰割。

中國的航空母艦不能打仗

這一套修昔底德的論述，有一定道理。不過，和這些現實主義的學者，我還是有不同看法：

一、今年中國的國防預算約一千一百二十億美元，美國約六千億。美國有十一個龐大的航空母艦戰鬥群，威力無比，中國只有一艘改良前蘇聯丟棄的古老的航空母艦，還不能打戰，更不能形成有力的戰鬥群。美國科技先進，中國二十、三十、甚至五十年內武力挑戰美國，很難。

二、中國的經濟發展，跟二戰前的德、日的專制國家資本主義、及戰後亞洲四小龍的所謂「亞洲價值」發展模式，基本性質一樣，能否繼續高速成長，有問題。能否追過美國，更有問題。一九八〇至一九九〇年代「日本第一」的「日本夢」沒有成真，是前車之鑑。習近平、馬英九的「中國夢」，我看不到圓夢的願景。

三、現實主義的學者不提自由民主人權，我不同意。歐盟二十八國都是民主國度，德法英大國之間不再落入修昔底德陷阱，應已是鐵的事實。美、日、南韓、澳洲、印度等國之間的民主聯盟，不容忽視，台灣是民主國家，應被納入這個民主聯盟。中國民主化雖姍姍來遲，但一定會來，應也是廿一世紀的歷史必然。民主中國不會打民主日本、民主美國、甚至民主台灣，應可期待。

修昔底德陷阱橫行兩千五百多年，也應讓它歷史終結了。希望獨立台灣的台灣人能見證這一歷史發展。

二〇一四年五月五日

台灣要有罵總統的法官

二〇一四年六月二十五日，英國法院審判媒體大亨梅鐸（Rupert Murdock）的報紙（The News of the World）的非法電話竊聽案（phone hacking scandal），陪審團判前總編Andy Coulson有罪，前總裁（CEO）Rebekah Brooks無罪。

這個弊案有關基本人權，引起歐美各國深切關注。但台灣媒體不甚關心，報導很少。

這裡我想談的倒不是案情的發展、判決的是非，而是英國首相卡麥隆（David Cameron）對Coulson有罪判決後的發言。

二〇一〇案發前，Coulson被卡麥隆請去首相府（Downing Street）當發言人，本來是很適人適所的。The News of the World本是英國發行量最大的報紙，影響力很大。前總編被請去當首相府發言人，門當戶對。

案發後，Coulson被判有罪，卡麥隆被罵，「英國有史以來第一個讓罪人進入首相府」。他急著要撇清用人不當之過，竟發言說，雇用Coulson是一大錯誤，還說

Coulson是「騙子」（liar）。

這個罵法，在台灣可能是小case，輕描淡寫，無關緊要。但是在三權分立嚴謹、司法獨立不可侵犯的英國，主審法官大不以為然。法官大人大發雷霆，去函卡麥隆，說他發言不當，在案情還在進行中，審判未定讞前就發言評論Coulson人格，可能prejudice（傷害）審案的公正進行，大不應該。法官Saunders說，卡麥隆的言行從法治和司法來看都令人不滿。

壯哉斯言，大義凜然，真是司法獨立、尊嚴的最好表現。

反看台灣，尤其是馬英九對阿扁貪腐案的不當發言、違憲違法的干涉，罄竹難書。扁案一爆發，馬總統就下壓力，要求檢調司法在三個月內交出肅貪（阿扁）的成績，法務部長王清峰在立法院備詢時，被立委質問如果在三個月內不交出肅貪成績的話那怎麼辦？王清峰表示如果她辦不好就會下台。

周占春法官以政治獻金無對價關係，判阿扁等相關涉案廿一人無罪。馬總統馬上公開喊話「司法不能悖離民意，悖離人民的期待。」他說，民眾對阿扁被判無罪失望和憤怒。

最高法院法官立即反應，推翻周占春的無罪判決，未發回更審，直接有罪定讞，判阿扁十一年徒刑。判決前夕，馬總統更未避嫌，宴請司法首長，包括司法院正副院長、法務部長和檢察總長，大談扁案，其司馬昭之心，路人皆知，擺明了就是要法官判阿扁有罪。

還有，判阿扁無罪的法官周占春被換掉，換上判阿扁有罪的法官蔡守訓，程序違反法官法定原則，違法違憲，說馬總統沒插手，誰相信？

至於操作檢察總長（黃世銘）和特偵組，對阿扁亂起訴、下重手，馬總統的作法更是粗糙，閉著眼睛都看得到他在大動手腳。

台灣雖有幾位獨立審判的法官，如周占春、張瑜鳳等，也有幾位敢說真話的法官，如洪英花、黃瑞華等，作對的事，說對的話。但很快就被秋後算帳，被整得很慘。他們的官運多舛，說馬總統沒有政治干擾司法，誰相信？

當然，台灣還沒有一位法官敢公然譴責總統發言不當，傷害司法程序正義，叫他閉嘴（shut up）。

二〇〇六年八月施明德的紅衫軍上街反扁，馬英九當市長讓他們在台北市橫行霸道，不「依法行政」取締違法行徑，到二〇〇八上台當總統，八年來，一開始就「有罪推定」阿扁罪該萬死，一路追殺阿扁殺到現在，哪有民主國家的法治精神、司法正義。

台灣要像英國，成為貨真價實的法治國度，第一步要推翻馬（KMT）政權，第二步要培養敢叫總統shut up的法官。這個願景還真看不到，遙遙無期。

但三一八太陽花學運後，突然柳暗花明又一村，二〇一四、二〇一六兩次大選，兩步就可能一蹴可幾，似乎不再是不可能的任務。

真讓人拭目以待。台灣人加油！

後記：問馬總統，你的六三三政策跳票，民調長期低迷，低到九趴，你的愛將林益世、賴素如、黃世銘等貪贓枉法，你是不是已悖離民意，悖離人民的期待，應該鞠躬下台？

二〇一四年七月十四日

我反叛所以我們存在
——卡繆和彭教授、台灣和香港

人要活，而且活出生命的意義，一定要不停地打拼、掙扎、反抗、反叛，不然不是活著，只是行屍走肉，等同死亡。

人生病，要有活的意志、毅力，不能放棄，要和病魔鬥爭，不然一定死亡。人被欺負、被打、被殺，要反抗，不然就會被欺負、被打、被殺。人對不公不義的事情，要反抗，不然就會被欺凌，對獨裁的政權要反叛，不然就當奴隸，對帝國主義的國家要抗拒，不然就當亡國奴。

人是這樣，族群、社會、國家也是這樣。

五十年前去美國念研究所，第一堂課、政治理論，讀的就是卡繆（Albert Camus）存在主義的大作（The Myth of Sisyphus和The Rebel），讀得霧煞煞，有讀沒懂，差一點不及格。

這些年來，常常想到他。雖然對他的荒謬理論，「荒謬世界」（absurdity of the

world），還是半懂不懂，但對他「人活在這個荒謬世界，非反叛不可，不反叛就是自殺，就是死亡」、「我反叛所以我們存在」（I rebel therefore we exist），越來越有同感，心有戚戚焉。

不反叛就是自殺　就是死亡

他說，活在這個荒謬世界，反叛（revolt）、熱情（passion）、自由（freedom）是活得有意義的三要素。一個人不僅要為自己，也要為正義和人類的團結（justice and human solidarity）反叛。掙扎（struggle）地往上提升，令人心滿意足。反叛你的宿命，讓你生命有意義。反叛讓我們自由決定生命的方向，掌握自己的命運。

六年來馬英九統治台灣，有兩大問題，一是內政，另一是外交。對內，他不認同台灣主權獨立，認定台灣是中國的地區，讓台灣人國家認同混亂，主權危機浮現。他一意孤行，向專制中國傾斜，黑箱作業簽訂兩岸協議，把台灣經濟陷入「一中」經濟死巷，前途黑暗。他更要歷史定位，「馬習會」，和中國政治談判，讓台灣陷入大一統的「一中」政治陷阱。台灣亡國危機若隱若現。

對內他反民主、反主權獨立。對外，他不再抗拒專制中國。不再「反共抗俄」、「殺朱拔毛」、「消滅共匪」、「反攻大陸」。視中國的「反分裂國家法」、飛彈威脅若無物，不購買先進武器，國防休兵。不爭取國際認同，不申請進入UN，不發展外交關係，外交休克。他的「台海六十年來最和平」，是假和平，是亡國前迴光反照的假和平。

馬英九半死不活　台灣也半死不活

馬英九是一個不反抗、不反叛的人。他領導的台灣是不反抗、不反叛的國家。他半死不活，台灣也半死不活，都走向死亡。

還好，很多台灣人不是馬英九。終於爆發了太陽花學生的抗議運動。學生只是民主的示威抗議，還不是反叛，更不是革命。

太陽花暫時遏阻了馬英九的急速傾中，卻沒有震醒他的「中國夢」。他還是自我感覺良好，自己對，別人錯，學生錯。還是要橫柴入灶通過服貿協議，夢想去上海「馬習會」，開啟他的終極統一民族大業。

為了台灣的獨立存在，太陽花變成反叛，變成革命、甚至暴力革命，雖未必是必然，但仍是埋在台灣土地下的不定時炸彈，隨時可能引爆，應是卡繆存在主義可以預料的人間事。

二〇一四年五月十日，中國國務院突然發表香港一國兩制實施狀況白皮書，表明北京對香港擁有「全面管治權」，香港僅有地方事務管理權，香港的高度自治享有多少權力，「在於中央授予多少權力」。

香港人馬上反彈，批評北京在恫嚇、打壓六月二十二即將舉行的公投和佔領中環運動，但港人不吃這一套，北京越打壓，只會激發港人更堅決爭取民主。

民主人士分析，北京已不介意破壞一國兩制，以白皮書凌駕基本法，甚至「變相撕毀基本法」，「香港人如果還不爆發，香港就只有在沉默中滅亡」。

很多港人支持台灣的太陽花學運。今年六四更有空前的十八萬港人參加維多利亞公園的燭光晚會。

為了自由民主人權，香港人覺醒了，風起雲湧，正在反抗專制中國的鴨霸統治。他們反抗，但還未反叛。

在這個卡繆存在主義的最高層面上，台灣和香港的命運相同，不反抗、不反叛，都會滅亡。反叛才存在，是他們的宿命。

彭敏明文章火氣大　一定是身體健康

不久前，問候彭明敏教授，說最近讀他的文章，感覺他火氣很大，一定身體健康。他的助理說，我讀到他的心裡了。

彭教授溫文爾雅，五十年前就是世界聞名的國際法學者，台大最年輕的政治學教授，ROC的UN代表團顧問，卻為了台灣的主權獨立發表《台灣自救運動宣言》，反叛蔣介石的專制政權，被打入黑牢。五十年後，因為馬英九出賣台灣，九十歲的老人家大動肝火，要我們反叛馬政府。

戰後快七十年了，台灣還是「亞細亞的孤兒」，孤苦伶仃，真是情何以堪！真是台灣人的悲哀！彭教授痛心知道，我們反叛，台灣才存在。

二〇一四年七月二十八日

中國人真的差很大

美國站在歷史對的一邊，中國站在歷史錯的一邊。這是歷史終結論。

美國獨立革命民主建國快兩百四十年了，成為現代民主化成功的典範，也成為世界第一超強大國。中國的儒教專制政治，秦始皇開始，兩千兩百多年了，根深蒂固；共產黨專制統治中國六十五年，專制本質沒變，但在鄧小平的改革開放政策下發展國家資本主義，成為世界第二經濟大國。

有人認為中國將在廿年內超越美國成為世界第一經濟大國。我不這樣認定，因為我同意諾貝爾經濟獎得主沈恩（Amartya Sen）的「發展理論」，人類社會的政經發展，「自由」（freedom）和「發展」（development）息息相關，互為因果，缺一不可。歸根結蒂，沒有人的自由就不會有國家的永續發展。

我的歷史長河的預測是：一百年後美國的民主依然鞏固健在，經濟依然世界第一，中國共產黨的專制政權應已崩潰，經濟發展衰退，不可能仍是世界第二經濟大國。

開創民主典範

十八世紀是思想啟蒙（enlightenment）的世紀。自由民主人權觀念開始蓬勃發展。

一七六五年，殖民統治美國十三州的英國，實施苛稅政策，引起美國人群起反叛，宣布英國沒有權力在新大陸課稅，因為美國人在英國國會沒有代表權，導致一七七三年的波士頓倒茶入海的示威暴動（Boston Tea Party）。一七七四年，美國獨立運動的「愛國者」（Patriots）、又稱「叛徒」（Rebels），把英國官員和保皇黨趕出境，並建立新政府。英國惱羞成怒派兵鎮壓，美國獨立戰爭（一七七五至一七八三）於焉展開。在華盛頓（George Washington）、傑弗遜（Thomas Jefferson）等革命領袖的領導下，他們打敗英軍。

一七七六年七月，Jefferson寫的美國獨立宣言（*United States Declaration of Independence*）在大陸議會（Continental Congress）通過，美國正式成為獨立國家。

一七八九爆發法國大革命，推翻帝制，建立共和。

因為法王路易十六（Louis XVI）專制腐敗無能，經濟蕭條，民不聊生。一七八九年七月，群情憤怒，暴動攻擊巴士底獄（Bastille），釋放犯人；八月通過公民人權宣言（Declaration of the Rights of Man and of the Citizen）；之後，自由主義的共和派和保守主義的保皇派，街頭混戰三年；一七九二年九月，Louis XVI被迫遜位，一七九三年被送上斷頭台，法國第一共和誕生。

一百九十多年後的一九八六年，前蘇聯總統戈巴契夫（Mikhail Gorbachev），因為經濟衰退，民怨四起，思求改革，推動glasnost（開放）、perestroika（改革）。政治上，他去史達林化（de-Stalinized），放棄布里茲涅夫主義（Brezhnev Doctrine），推動自由民主化，一九八九年三至四月，舉行了自一九一七年布爾什維克革命（Bolshevik Revolution）以來第一次民主的國會選舉。

他內外開放，政治改革，卻也導致蘇聯解體，柏林圍牆坍塌，東歐共產主義崩潰。蘇聯內外各州、各國人民走上街頭，要求民族自決、國家獨立、民主政治。Gorbachev沒有採取Stalin和Brezhnev的武力鎮壓，而讓他們紛紛自決獨立。他因而獲得一九九〇年的諾貝爾和平獎。

錯誤的歷史抉擇

一九八九年四月十五日，在東方的中央帝國，因為改革派的胡耀邦死去，觸動中國天安門學生民主運動，全國各地數百萬學生和人民走上街頭，支持天安門靜坐示威、要求民主改革的學生，讓主張經濟改革開放的鄧小平不知所措。五月十七日他決定武力鎮壓，並定調學生是動亂、叛變。

五月十八日的夜晚，改革派的總書記趙紫陽，知道老鄧要武力鎮壓，他反對但無效，將被罷官，去天安門看望學生，淚灑廣場。六月四日清晨，數千學子慘死坦克車下。

廿五年來很多人還想知道，假如不是老鄧、而是老趙大權在握，走老戈的perestroika大道，今日中國將會是什麼樣的政治情景？

回頭看多難的台灣，二戰後，KMT（國民黨）貪污腐敗，暴政統治台灣，民怨四起，一九四七年二月二十七日，警察粗魯取締賣私煙的婦人，引爆民眾憤怒，爆發衝突，台灣人民要求民主自治的星火燎原，燒遍全島，蔣介石派兵鎮壓，濫殺無辜，一殺就殺了兩萬台灣的政經社會菁英，殘無人道。之後戒嚴統治三十八年，台灣民主化被壓抑得奄奄一息。

阿輝伯走台灣路

廿三年後，一九九〇年四月二日，學生看不下去老賊（國大代表）的吃相難看，佔據中正紀念堂，和平靜坐示威。年輕學子的野百合運動，要求國會重選民主改革。

阿輝伯（李登輝）不僅從善如流接受學生要求，還順勢操作，推動總統直選、國會改造的民主憲政創建大業。阿輝伯因而成為台灣的Mr. Democracy（民主先生）。

可惜，他老人家舉手高叫「我是新台灣人」的馬英九，不是「台灣人」，是「中國人」。

二〇一四年三月十八日，因為反對黑箱作業的服貿協議，台灣學生和平佔領立法院，爆發太陽花學運。四月六日，王金平很有智慧地承諾「先立法、後審查」，解除了靜坐危機，給馬總統下台的機會。

本可和平收場，皆大喜歡，還可學學阿輝伯，趁風駛船，推動民主改革，要求習近平重開協議談判，爭取更多經貿利多。但馬總統就是不信邪，不敢武力鎮壓，卻又秋後算帳，定位學生「理盲、濫情」、違法亂紀，口沒說是「動亂」（郝柏村說了），心裡想的就是「動亂」，要把學生繩之以法。

三月三十日，五十萬台灣人走上台北街頭反服貿，他老兄視若無睹，硬要橫柴入灶，要ＫＭＴ立委開臨時會通過服貿。

世界先進民主國家，都給十八歲的年輕人投票權了，他老兄就是不給。

「他，馬的」是中國人

同樣東方專制主義國家，人家日本明治維新成功現代化，中國戊戌政變、百日維新、康梁變法、五四運動、六四天安門，孫中山的共和革命、毛澤東的共產革命，老蔣、小蔣、老毛、老鄧、江澤民、胡錦濤、習近平、馬英九（「他，馬的」），都逃不出秦始皇、漢高祖挾孔夫子一統天下的專制魔掌，都是東方專制主義的封建產物，成王敗寇、順我者昌、逆我者亡的龍的傳人，和廿一世紀以自由民主人權為普世價值的現代人、現代文明，真的差很大。

二〇一四年八月二十四日

人命價值
——囚犯的故事

人生而平等，都擁有基本人權。這是法國大革命後西方自由主義的基本觀念，但環視六大洲人們的生命價值，大國小國、富國窮國、民主專制等不同國家人民的命運，殘酷的現實是人生下來都不平等，很多人生下來都不能享有現代自由民主人權。人命價值，人人平等，人人等值，是理想，也許是永遠圓不了的夢想。

當然，這不是說，我們就要放棄理想、夢想，不努力打拼，追求、實現人命價值、人人平等、人人等值的理想世界。

人間天堂

澳洲常被認為是天下最快樂的國家，是人間天堂。澳洲一九〇一獨立建國，馬上就是自由民主國度，比美英國、法國、美國。地大物博，人口稀少，四面有大海的天然屏障，地上地下黃金萬兩，上有肥沃的土壤，可生產吃不完的牛羊、米麥、水果，下有挖不盡的鐵礦、煤礦、和其他的貴重金屬，四面大海更有抓不盡的新鮮海產。

說是民主國家，但澳洲一百多年來一直歧視原住民，讓他們活得不像人。他們被送去歐洲打一戰和二戰，但要等到一九六二年三三聯邦國會通過「聯邦選舉法」（Commonwealth Electoral Act），才獲得平等的公民權利。澳洲種族歧視的「白澳政策」（White Australia Policy），一九〇一開始欺負有色人種，把中國人當豬、當狗看，一看七十年，要到一九七〇年代才完全廢除。之前，澳洲哪有人人平等、人人等值的人命價值？

一九七一我來昆士蘭大學教書四十四年，升等順利，教學愉快。老婆也在昆大圖書館負責中日文圖書的編目工作，當主管。我們生了三個孩子，小女兒身體不好，享受很好的社會福利。大女兒念昆大法律，目前是昆州法律公會的主管。一個兒子昆大電機系畢業，去美國大學拿了碩士，在昆州州政府當部門主任。他們替我們生了四個孫女、兩個孫子。三個大的孫女念布里斯本最有名的女高校，成績都名列前茅，最小的是全校第一名，才高二就經過嚴格篩選，被美國名校選去深造，得了高額獎學金。

我得意、吹噓，目的是說，我們在澳洲四十四年沒有遭遇到種族歧視的經驗。澳洲是我們的人間天堂。

我的「邱氏王朝」的牛吹完了，言歸正傳，我要講兩個最近澳洲的人的價值的故事。

被關了四百天

一是記者Peter Greste的人權故事。二〇一三年十二月，Greste和Al Jazeera（半島電台）的同事——Baher Mohamed和Mohamed Fahmy，因為報導埃及軍事政變，被埃及法院認為「傷害國家安全」，判七年徒刑。關了四百天，二月一日，Greste被埃及法院驅逐出境，回到澳洲，恢復自由身份。兩週後，埃及法院下令重審他們的案子，並讓Mohamed和Fahmy保釋出獄。

幾乎所有民主國家的言論，都認為他們是無辜的，他們的報導沒有違背新聞自由、言論自由的公正原則，沒有偏護、支持被軍事政變推翻的穆斯林兄弟會的民選政府。

Greste被判重刑，在澳洲，一遍譁然。學界、新聞界、人權團體、公民組織群起抗議，支援他的無罪釋放。澳洲政府更是劍及履及，發動銳利外交攻勢，要求埃及政府放人。總理Tony Abbott一再打電話給埃及總統el-Sisi，外長Julie Bishop也一再和埃及外長Sameh Shoukry交涉，軟硬兼施，堅持Greste無罪，要埃及放人。四百天，澳洲政府和全國人民都沒放棄救援活動，終於柳暗花明，Greste走出開羅的黑牢，回到澳洲和昆斯蘭的家人團聚。

第二個故事是，就要被槍斃的兩個澳洲死刑犯，Andrew Chan和Myuran Sukumaran的悲情故事。兩人都是亞裔（Chan是中國、Sukumaran是生於倫敦的Tamil澳洲人）。兩人年少無知，於二〇〇五因運毒被印尼法院判處死刑（所謂Bali Nine的頭頭），關在惡名昭彰的Bali Kerobokan監獄，吃盡苦頭。十年來經過各種法律途徑，上訴又上訴，澳洲全國上下，救他們免於槍斃的努力，從未間斷。

要被槍斃的死刑犯

十年間，兩個死囚在Kerobokan監獄裡改邪歸正，努力從新作人。Chan變成虔誠的基督教徒，在獄裡傳教，勸其他犯人改邪歸正。Sukumaran努力學畫，有成，畫作頗獲好評，名揚國際。

澳洲是沒有死刑的國家，很多人反對死刑。大家又看到兩個年輕人都承認犯錯，改過自新，成為有用的人，引起很多同情、支持。

澳洲政府更因而加倍努力，也是軟硬兼施，情理法全面展開遊說攻勢，要印尼總統Joko Widodo法外施恩，免除他們的死刑。但是，Widodo痛恨吸毒、賣毒，堅持不對販毒者手下留情。

二月十三至十六日連著四天，已經和Widodo通過多次電話的澳洲總理Tony Abbott，眼看好話勸說無效，說了重話。他強硬說，印尼不聽別國的話，以後也別希望他國聽它的話。印尼二〇〇四大海嘯受傷慘重，澳洲是送去溫暖、援助最多的國家。印尼這次如一意孤行，非殺兩位年輕時一時糊塗、犯了大錯，卻能幡然醒悟、改邪歸正，並已展顯才華，可為社會作出貢獻的年輕人不可，那以後印尼也別想澳洲或別的國家會對印尼有同理心、同情心，會愛心相待。他甚至威脅，如果兩人被殺，澳洲會有一定的回應（reply）。

在國際外交上，這是非常重的話，重得像鐵。印尼是美國之外澳洲最重要的戰略夥伴。澳洲是多年來給予印尼最大經濟援助的鄰邦。為了兩個囚犯，澳洲總理說了如是嚴重的話，非常不簡單、不尋常。可見澳洲對這個悲情事件的嚴重不滿、嚴厲反彈。

硬的更硬、軟的更軟

二月十二日，國會開議，澳洲女外長和女影子外長（Tanya Plibersek）都發言，文情並茂，溫情勸說，要Widodo刀下留情。Plibersek甚至流淚細說她的丈夫年輕荒唐、吸毒被抓被關、改過自新、成為成功的專業人才的動人故事。她說，假如他是在泰國吸毒被抓，那將會是多麼悲慘的結局。國會全體議員為之動容，一致通過議案，要求印尼放人一命。

公民團體發動簽名運動，呼籲印尼停止即將執行的死刑。已有十五萬封的簽名信，將儘快送交印尼總統。

聯合國秘書長潘基文，二月十四日也說重話，說聯合國反對死刑，印尼不應該處死Chan和Sukumaran。我同意潘基文的話，反對死刑，更反對槍斃這兩個年輕囚犯。

但是，我也瞭解Widodo面臨的死囚困結、無法改變的理念堅持。我知道他面臨一個嚴厲的文明衝突。

由他，我想到馬英九關阿扁六年關成重病的悲慘世界，也想到高雄監獄受刑人鄭立德等六名重犯挾持典獄長，與警方對峙，於二月十二日凌晨警方準備攻堅行動時、互相擁抱大喊：「兄弟，一路好走！」後舉槍自盡、典獄長陳世志安全獲釋的悲慘故事。

命差很大

作澳洲人，很幸福，全國上下努力保護人民的基本人權，人命價值很高。作台灣人，人命價值很低，很不幸福。我們能享受像澳洲人同樣的人命價值嗎？當然沒有。

阿扁、高雄監獄六兄弟，比Greste、Chan、Sukumaran的囚犯故事，他們的人命價值，差很大。

馬英九的台灣不是主權國家，他能打電話給習近平、朴槿惠、Widodo、el-Sisi等國家元首，要求他們釋放台灣囚犯、免殺台灣的死刑犯嗎？「誰理你！」我聽到習近平在中南海大叫。台灣人不要作夢，要打拼，爭取我們的國家主權獨立、我們廿一世紀的自由民主人權。

後記：本文寫完，已是二月十六日午後，聽到的訊息是雅加達一步不讓，Chan和Sukumaran似乎大劫難逃。令我擲筆浩歎。

二〇一五年二月十七日

雞同鴨講
——兩位老李的價值判斷

新加坡的國父李光耀最近去世，引起全世界的注目，歷史的蓋棺論定，更是鋪天蓋地，褒貶揚抑，沸沸揚揚，熱鬧非凡。我也手癢，但才疏學淺，無法有創新說法，只好取巧，簡單評論幾位大人物的說詞，了卻心願。

政治學的ABC

五十多年前去美國念研究所，由文學轉政治，正是政治學（government, politics）科學化風起雲湧的年代。講的是政治科學（political science），學的是量化、數據化、公程式化，被迫上統計學，叫苦連天。我有一個同學整本博士論文都是數字和公程式，我有讀沒有懂。

那時，我們之間最流行的key word（關鍵字），就是value-free（價值沒有），不能有value-judgement（價值判斷）。一樣把我搞得霧煞煞，不知人間事如何value-free。不過，碩士論文寫中國的risk-taking（戰略冒進），博士寫老毛的文革，還是用一堆的content analysis（內容分析）的數字唬人。現在想起來還覺得可笑。

教了四十多年政治科學，還是不懂政治如何科學化。反而越老越脫不了人情世故的牽扯，越感覺人間事都是價值判斷，人活著時時刻刻都在做價值判斷、價值選擇。

在研究所念比較政治，那些年代，理論主軸簡單講就是三個決定論：經濟、文化和制度。經濟決定論，由亞當・斯密（Adam Smith）的《國富論》（*The Wealth of Nations*）到彌爾頓・傅利曼（Milton Frieman）的《資本主義與自由》（*Capitalism and Freedom*）基本上描繪了西方資本主義自由民主政治的發展路途。

馬克思・韋伯（Max Weber）的《新教倫理與資本主義精神》（*The Protestant Ethic and the Spirit of Capitalism*）、魏復古（Karl August Wittfogel）的《東方專制政治》（*Oriental Despotism: a Comparative Study of Total Power*），到白魯恂（Lucian Pye）、加布里埃爾・阿爾蒙德（Gabreil Almond）等一大堆有關政治文化的大作，都讓我讀得叫苦連天。不同文化導致不同政治行為和制度，是這個文化論的主要論點。魏復古的「東方專制政治」指的就是中國，常被用為中國很難、甚至不能民主化的文化決定論述。

制度決定論，可以遠溯到希臘的城市民主、英國大憲章、美國獨立革命和獨立宣言及法國大革命。不過，以現代民主政治來論，熊彼得（Joseph Schumpeter）的《資本主義、社會主義與民主》（*Capitalism, Socialism and Democracy*），是我的啟蒙經典之作。其後是杭廷頓（Samuel Huntington）的《第三波：20世紀後期民主化浪潮》（*The Third Wave: Democratization in the Late Twentieth Century*）和他的高足法蘭西斯・福山（Francis Fukuyama）的《歷史之終結與最後之人》（*The End of History and the Last Man*），之後我就沒再找到新的理論突破了。

制度論的價值判斷

我從經濟和文化，前進到制度決定論，有一定的心路歷程。我的十幾本書和數百篇政論文章，大都在這個歷程上轉來轉去，沒有轉出新的名堂。我的第二本英文書就是以Oriental despotism為名，並以台灣的民主化反駁文化和經濟決定論，認為制度的創建，尤其是革命性的制度創建，可以導致文化的發展。不一定要經濟或文化發展在先，再循序漸進導致民主制度的產生。

當然，經濟發展、文化認同和民主制度及三論價值系統之間的因果關係，盤根錯節，錯綜複雜，常成為「第二十二條軍規」（catch 22）、雞和蛋誰生誰的詭辯。還有，因為三論的科學性不足，有太大的意識型態發展空間，很容易變成意態之爭，沒完沒了。一成意態之爭，不可避免地價值判斷進入辯論戰場，意氣之爭隨之而來，政治爛戰也就一觸即發了。

無疑地，目前對李光耀去世後的蓋棺論定，因為還沒有經過歷史長河的洗滌，馬上陷入上述三論的意態之爭的泥沼。就在這個無底的泥沼裡，我也湊熱鬧，作下面的價值判斷，評判幾位大人物對李光耀價值判斷的蓋棺論定。

之前，我先補充一點，政論家司馬文武在《蘋果日報》寫的幾篇評李大作，是我讀到的較中肯的文章。

馬英九不是台灣

馬英九總統神秘兮兮跑去出席李光耀家祭的尷尬情景，這裡我不評論。他說，李是「一個時代偉人，貢獻卓著」、「足令世人懷念的卓越領袖」，並肯定李光耀一生高瞻遠矚、為政清廉、處事明快、勤政愛民，將新加坡打造成世界一流國家。

這一段話，雖沒有深厚的理念根據，但也明確、真實表達了他長期崇拜李光耀柔性專制統治新加坡的心情、心態。他們兩位都是東方專制文化的信徒，血液裡沒有流著廿一世紀的自由民主人權的普世價值。

李光耀的兒子李顯龍宣布他父親的死訊時強調，李光耀「為我們的獨立戰鬥，從無到有建立一個國家，讓我們以身為新加坡人為榮。」他說「李光耀就是新加坡。」

這一點，馬英九望塵莫及，台灣沒有人會神智不清地說，「馬英九就是台灣。」

兩位也有二十世紀經濟發展為先的價值觀。不過，經濟與文化之間，雖都相信「亞洲價值」，但李光耀是經濟優先於（儒教）文化，經濟是目的，文化是工具。馬英九相反，（大一統的中國）文化優先於經濟，文化是目的，經濟是工具。一念之差，差很大，前者經濟發展成功，後者失敗。

許信良的胡言亂語

最令人錯愕的是黨外運動大將、民進黨前主席、一生想當、也選過總統的許信良。他對李光耀的崇拜、讚揚，荒腔走板，肉麻有趣。他說，「二十世紀的政治領袖，論功業的性質和李光耀先生相似，而同樣堪稱真正的歷史巨人的，在西方有法國的戴高樂，在東方有中國的鄧小平。他們都以超越同時代政治人物的獨特的智慧和意志，完成其他政治人物不可能完成的使命。他們不僅拯救他們的國家於一時，也引領歷史的走向於長遠。」

把李光耀和鄧小平比偉大，不僅在「亞洲價值」的經濟發展上可以一比，在一黨專政的東方專制政治運作上，反對自由民主，鎮壓、迫害、甚至殘殺異己，一樣可以比美。如是獨裁者，會「引領歷史的走向於長遠」？會是「歷史巨人」？那是不是也該把希特勒、史大林、毛澤東、蔣介石也列進去，一起比。

最令我反感、反胃的是，他竟莫名其妙，把阿輝伯（李登輝前總統）也拉進去打臉。他說，「可以想見，他（李光耀）一定曾經以更懇切的言辭，更誠懇的態度，向當年的李登輝總統提過許多建議。可惜，李登輝先生只喜歡教人，不喜歡受教，否則，台灣今天的處境一定大為不同！」

真是令我目瞪口呆。這是什麼鬼話嘛！許信良說，李光耀「真是令人終身難忘的長者和導師」。他要阿輝伯學李光耀，不是李光耀學阿輝伯，真是頭殼壞去的胡言亂語。

阿輝伯直白的話

阿輝伯曾是李光耀的好朋友。但是後來理念分歧，政治分道揚鑣，變成無法見面交談的朋友。李光耀去世後，阿輝伯還是稱呼他「這一位好朋友」。不過，面對大是大非的歷史論斷，他還是說：「我講正經的，他是靠中國，但是我是不愛靠中國的，台灣自己站起來，這就是我個人看法。」說得很對。李光耀自己拚命喊「新加坡獨立」、「我們是新加坡人（不是中國人）」，卻討好中國，主張「一個中國」，說台灣和中國遲早要統一，硬要台灣人當中國人。

阿輝伯說，「李光耀和我思想不一樣，我是主張民主社會，李光耀則是主張亞洲價值，就是中國社會五千年歷史，皇帝制度要管到底，一家族全家人都要管政治。」

他最後強調，當年著名美國政治學者杭廷頓曾在一場討論會上說過，李登輝過世的話，台灣民主還能留下來，但是李光耀過世，制度無法留下，這就是他和李光耀不一樣的地方，他認為最重要的就是自由民主，這也是台灣和中國不同之處。

兩位老李差很大

杭廷頓是一位保守主義的學者，曾被李光耀請去新加坡發揚儒教的亞洲價值。後來被請去台灣在一個討論民主化的會議上發表上述的主題演講，後來登在《紐約時報》，變成經典之作。我曾在我的著作裡一再引用這段話。這次也有很多人引它來蓋棺論定李光耀。想來想去，我還是認定，這幾句簡單明瞭的制度決定論的話，最能凸顯我對兩位老李歷史功過的價值判斷。

這是我的民主制度決定論的價值判斷，歡迎馬總統和許前主席反駁、指教。

二〇一五年四月二日

施明德
——時代錯誤（anachronism）的候選人

多年前，我曾非常敬佩施明德，稱呼他為台灣的曼德拉。這些年，我不再如是認為，因為他不僅沒有曼德拉人格、心胸、學識、智慧的高度、寬度和深度，更缺乏曼德拉作為政治家的實事求是、腳踏實地、真實瞭解、紮實解決人民生存、生活問題的能力。

他是革命的浪漫主義者，有魅力領袖的特色，也有梟雄人物的霸氣、傲慢，不可一世的氣概，但就是沒有現代民主政治人物的修為和能耐。在今日的民主台灣，他已過時，已成歷史人物。

過時的梟雄

施明德有的政治性格特質，可能蔡英文沒有；但蔡英文有的民主政治修養和能力，施明德更沒有。施明德是歷史，蔡英文是現在。誰適合當選二〇一六台灣總統，台灣人民應該看得清清楚楚。

這些年來，我曾一再批評施明德的高談闊談，但他發表在《蘋果日報》的專論，每篇拜讀。有些感性的文章，讀來還是動人。

他這次豪情壯志參選總統，我雖不像林義雄義氣相挺，投他一票，我甚至呼籲台灣選民不要投他一票；但我還是佩服他的「革命」勇氣，並認為他的參選，對台灣民主政治是天大的好事。君不見，百年老店的國民黨被馬英九玩完了，顧人怨，沒人要，三大A咖（朱立倫、吳敦義、王金平）龜縮，頭都伸不出來，兩小B咖（洪秀柱、楊志良）拋磚引玉，引不到玉，怎麼看都是磚。施明德不出來，總統大選，蔡英文真的躺著選就選上，那不是民主笑話，什麼是民主笑話？

民主政治程序比結果重要。民主選舉成不王敗不寇。施明德參選就是民主盛事，選敗也必在台灣民主史上記一筆，芳名流世。

不過，台灣選民不要投施明德一票，理由不是他一定不會當選，而是他的參選理由、政策，條條空心菜，初聽光華亮麗，細看內容空洞無物，大多是無法實現的空口說白話。

沙灘上的 sand castle

他參選宣言，提出社會大和解構想，若當選總統將聘請國民黨、民進黨及年輕菁英，共組包容各黨派和老中青世代的大聯合政府，終結「一黨獨治」、「一黨總統」時代。他說，當選總統將立刻以內閣制精神組織政府，並於兩年內公投修憲，把中央政府體制改為內閣制。

對兩岸關係，他主張不片面改變現狀，中華民國與中華人民共和國雙方已從「交戰政府」轉為「分治政府」，而「一中原則」已被僵化為「中華人民共和國」代名詞，建議用「大一中架構」取代，並以一個不完整的國際法人，採共識決處理雙方關切的事務，作為兩岸現階段過渡方案。

施明德強調，貪腐是台灣的癌症，現在最需要的是一位「羅賓漢總統」。這不知所云，只彰顯了他梟雄人物的狂妄。

前面，一是內政改革、二是兩岸關係的改善，都是台灣面對的重大議題。施明德的說法，聽起來滿好聽的，好像有創意；但細看分析，都不僅是老梗，舊飯重炒，還炒得不高明，不好吃。

內閣制、總統制、雙首長制之爭，見仁見智，運作正當、正常，都有優點、缺點。施明德要內閣制，他選上就讓他推動。我樂觀其成。

大和解、大聯合政府（grand coalition government），並不是正常民主政治的運作模式，都是因應非常政局，如經濟大蕭條、內戰爆發、外敵侵略等狀況，團結各黨各派一致共赴國難的權勢安排。比如以色列，因為應對阿拉伯國家四面八方圍來的滅國威脅，曾有大聯合政府的出現，但運作並不順暢。

更嚴重的是，台灣的藍綠、統獨分裂、紛爭，是國家認同危機，是博弈理論（game theory）裡的零和（zero sum）遊戲不能和解、不能雙贏的命題。

在如是零和關係的政黨之間，和解很難，大聯合政府的組成不容易。唯一可行的是，中國武力威脅加劇，攻台的山雨欲來風滿樓，藍綠各黨有武力護台的認識和決心，而破釜沈舟組織大聯合政府，共赴國難。這個劇情，在馬英九國民黨統治的台灣不可能演出。在施明德當總統的台灣也許有戲可演，但很難演，更不是他選總統宣言裡論述的政策意涵。

由此，關連到他的「大一中架構」的台灣與中國的大和解。問題一樣，難關一樣。去（二〇一四）年五月，施明德、蘇起等人推出「大一中架構」觀念的時候，沒有引起太大注意。理由很簡單。這種大英帝協（British Commonwealth）的邦聯觀念，很多人談很多、很久了。不管是大的、小的「一中屋頂」或「一中架構」，要行得通，需要有兩個大英帝協具備的條件：一、都是相互承認的主權獨立國家；二、都是民主國度。

這兩個必須條件，台灣和中國之間根本不存在。中國根本不承認台灣是主權國家。中國是專制，台灣是民主國度。施明德要中國放棄「一中原則」，用「大一中架構」取代，「並以一個不完整的國際法人，採共識決處理雙方關切的事務，作為兩岸現階段過渡方案。」根本條件沒有，行不通。還有，他的「過渡」要渡去那裡？統或獨？他沒說清楚，沒答案。

歷史的風花雪月

施明德是革命家（revolutionary），更是夢想家（dreamer），而且是大夢想家。問題是，他不是可以圓夢的先知先覺（visionary），當然更不是民主政治的踐行者（practitioner）。他是毛澤東的複製品，還是殘缺不全的複製品。在一九七〇至一九八〇年代的台灣，他是衝鋒陷陣的革命家；在一九九〇至二〇一〇年代的民主台灣，他是打風車的唐吉訶德。

他什麼都大。說他是大夢想家，名正言順。他的「大和解」、「大聯合政府」、「大一中架構」，「大」的下面，空無一物，都是在沙灘上雕建的富麗堂皇的大沙堡（sand castle），海潮一來就分崩離析，消失得無蹤無跡。

一九七九他可以打前鋒拼台灣的獨立革命運動；二〇一六要選民主台灣的總統，他是時代錯誤（anachronism）的候選人。讓他熱熱鬧鬧地選，但台灣選民要睜大眼看清楚，不要投他一票，要讓他光榮落選，回歸歷史的風花雪月。

二〇一五年五月二十三日

我的三國演義
——阿輝伯的祖國論

細讀阿輝伯（前總統李登輝）在日本*Voice*雜誌有關他的祖國論的歷史論述，很有感觸。老人家說，一九四五二戰結束前他是日本人，他的「祖國」是日本，他和哥哥都參軍為日本而戰，台灣根本並沒有二戰的抗日戰爭。老人家的話，根據歷史事實，直白、真實、客觀、平穩。他的「祖國」是「national belonging」（國家歸屬）的祖國，與血統無關。是現代法治主義、不是傳統人治主義的觀念。

命運作弄的兩個祖國

他戰後變成ROC（中華民國）的公民、教授、市長、省主席、副總統、總統，成功推動台灣的民主化，成為台灣的「民主先生」，享譽國際。目前以九十二歲高齡仍武士精神豐沛，推動台灣「脫古改新」的第二次民主化，依然驚動台灣政治武林。

老人家的命運前二十二年是日本人，後七十年變成ROC的國民，都身不由己，沒有選擇餘地。他認為自己是ROC公民，但不是PRC（中華人民共和國）的公民。最近二十多年來，他認定ROC就是台灣，台灣和中國（PRC）是「特殊國與國的關係」，他是台灣人不是中國人。他的祖國不是中國，是台灣。

這是他的祖國論、歷史觀。我認為，在廿一世紀的自由民主人權普世價值時代，他的國家認同合情合理，合乎UN（聯合國）憲章的規定。所以，他的《*Voice*》的祖國歷史論述，真實、正確，不違背他前廿二年當日本人、日本兵、後七十年當台灣人、ROC總統的豐功偉績的歷史情理論述邏輯。

馬英九總統義憤填膺的反彈：「一個做過十二年中華民國總統、現在還享受總統卸任禮遇的人，居然會說出這樣出賣台灣、羞辱人民跟作踐自己的媚日言論，我感到非常震驚痛心跟遺憾」。國民黨總統候選人洪秀柱痛批阿輝伯，是「不忠、不仁、不義且忘恩負義的老番癲」。還說，身為ROC的前總統，還接受ROC政府（不是政府，是台灣人民）的供養，竟然說這種話，實在太過分。她老姊呼籲全民口誅筆伐李登輝。並加一句，「難怪他叫岩里政男，他是日本人」。

潑婦罵街的總統

這是歇斯底里（hysterical）、無理取鬧的謾罵。一國民選的總統和總統候選人，竟如是暴跳如雷，潑婦罵街，口沫橫飛，大罵世人尊敬的台灣民主先生的老前總統，實在令人看得目瞪口呆，不知他／她們是否吃錯藥，還是喪盡心智，發瘋抓狂了。

假如他們連原文都沒讀，看報就抓狂發飆，那是白狼之類的流氓心態和作為，很「見笑」、很可惡。如果他們讀了全篇原文，思考後才作出如是激烈反應，那就是他們腐朽的大中國民族主義，已完全淹沒、融蝕殆盡他們理性分析、分辨是非的智慧能力。

我認為兩者都是。他們是滿腦中國腐爛文化、阿Q精神的國民黨領導菁英，台灣民主政治的毒瘤。都應被切除、廢棄，掃入歷史垃圾堆。

讀了阿輝伯的論述，又讀到「台獨之父」彭明敏教授的短文《李登輝言論事件雜感》。教授說，「我生活在與他同一時代，對於目前台灣內外情勢的感受，也殆乎與他相同。中學生時，每次日軍攻陷中國大都市，都要參加慶祝大遊行，一如參加例行朝會，完全無感，既無喜悅，對中國也不感同情。」

兩位老前輩的話，我完全理解、認同，因為我雖還小，卻也當了很多年的日本人，說了很多年的日本話。我更馬上想到已去世三十三年的老爸。爸爸比阿輝伯和彭教授要多十四歲，更是日本人。如果父親還在，一定非常同意這兩位同輩風雲人物的感受、看法。

三位老人家的日本認同

爸媽生在苗栗鄉下，都是日本「皇民」，只受日本時代的小學教育，日文講得很流利，媽的日本歌更是唱得像天籟。

爸小學畢業就進入石油公司當電工，手藝很好，工作順利。二戰中，一九四一年，被「徵兵」派去印尼，亦兵亦工，開採石油。一去五年。一九四五日本戰敗沒死回來，繼續在公司當電工，當了二十多年，到退休，都是工頭，一個級都沒升過。上面管他的人大都是一九四五後來台的「高級外省人」，受夠鳥氣。

他「國語」講得很爛，和朋友講話常混夾日語。二二八事件後，同事被抓、被殺，他一生不談政治，偏偏有個不孝兒子念政治，還搞政治，讓他受驚不少。

二戰後，在皇民化下，爸媽第一次把三弟（一九四一年生）「皇民化」，命名「勝男」，老大和我都維持祖譜邱家的「垂」字輩的名字。終戰前，我的日語講得滿好的（吹牛）。

爸媽一輩子窮。一九八二年去世前不久，老爸終於第一次出國，遊日本。回來後，他大按讚日本。我知道，他老人家一生認為日本比中國好，如果命運不作弄人，有選擇餘地，他一定寧願當日本人，不願當中國人。他曾對我說，對待台灣人，日本人比中國人要公平。他還說，日本人守法，中國人不守法。

我一向學識認知、心智認同自由民主人權主義，反對國族主義（nationalism）。我認為，人有基本人權自由選擇祖國，並不是國家權勢決定人的祖國歸屬。環視今日中東、北非，百萬人民拚命尋找新的祖國，很多屍沉大海。還有，馬總統和另一位總統候選人宋楚瑜的兒女都是美國人，他／她們宣示忠誠的祖國是美國，不是中國或台灣。馬英九、洪秀柱還死抱腐朽的國族主義，不反要武力打台灣、共黨統治的專制中國，大反友好台灣、自由民主的日本，不知今夕是何夕，硬要台灣人當中國人，實在令人吐血、氣結。真是民主台灣的不幸、災難。

事後諸葛亮地來講，一九九〇年代民主化主權獨立後的台灣，是我最認同、最願意歸屬的祖國。之外，近代史觀地看，在一八六〇至一九一〇年代明治維新的日本和百日維新的滿清之間，我會選擇當日本人，不當中國人。一九一〇至一九三〇年代之間，日本軍國主義崛起，中國五四運動的自由民主化蠢蠢欲動，我會想當中國人，不想當日本人。一九四〇至一九五〇年代，日本帝國主義侵略中國、東南亞各國，還和美國開戰，我當然不願意當日本人，但中國國共內戰是真，抗日戰爭是假，殺中國人比日本人還多，我不想當日本人，也不想當中國人。

我的祖國

一樣，一九四七年二二八事件後，我不願當共黨專制統治的PRC的中國人，也不願當國民黨專制統治的ROC的中國人。所以，我跑去美國唸書，被列入黑名單，跑來澳洲當澳洲人。這些年代，老實講，如有選擇餘地，在民主日本和專制中國之間，我會想當民主的日本人，不想當專制的中國人。

當然，前面我已說過，一九九〇阿輝伯帶動台灣民主化後的台灣，是我心甘情願認同、選擇的祖國。

二〇一五年九月一日

藍綠之別

——我和星雲

我和星雲大師有一段因緣。故事不長，卻也常在我心。

一九八〇年代台灣很多商人、醫生、有錢人，抓住澳洲新的投資移民政策，移民來布里斯本，曾達兩、三萬人。同時星雲的佛光山也進入澳洲，在這裡創建「中天寺」。很多台灣人給了很多錢，讓中天寺建得富麗堂皇，美輪美奐，香火因而鼎盛。

我常對這些同鄉很感冒，因為他們給紅色星雲給得很慷慨，給綠色台灣給得很吝嗇。有一次，一位很支持中天寺的好友，請我去聽星雲的弘法大會。我去了，被請去坐在前面，還被介紹給大師。大師特別打斷演講，介紹我。還說，他七〇年代就讀我的文章，把我嚇了一跳。他傳完道，還請我發言，讓我不知所云。我說，管靈魂是他大師的事；管人間俗事，尤其是政治，是我的事。

後來一起吃飯，他笑說，有人說他是政治和尚，他並不介意。他當然是政治和尚，我也一點也不在意。他是和尚，他關心政治，天經地義。穆斯林的Ayatollah、天主教的教皇和西藏的達賴喇嘛，都是什麼都管的政教領袖。

之後，他來布里斯本，會請我去中天寺和他吃飯聊天，聊政治，不聊佛法，聊得滿不錯的。

二〇〇六年三月，星雲寫文章支持馬英九，批評陳水扁，說阿扁一意孤行宣佈終止「國統綱領」，會引來中國武力犯台。他的論述很多錯誤，我寫文章反駁。我說，他主張統一，我主張台獨，都是我們的民主權利，但不能扭曲事實，用中國恐嚇台灣人。我的好友傳話，說中天寺希望我不要登該文。我回答，如果大師回應我的文章，我可考慮不登。

結果，他沒回應，我也就登了文章。之後我們就不再見面。大師不再請我，我不再去中天寺。我們因緣了斷。

二〇〇八年北京奧運，星雲被邀請以貴賓身分出席開幕式，被安排坐在胡錦濤旁邊，中國傳媒大肆宣傳。

二〇〇九年四月，因為星雲和無神論的中共政權召開「世界佛教論壇」大會，在中共統戰官員（和胡錦濤血腥鎮壓西藏的宗教局長葉小文）全程主導、控制下，歹戲拖棚，演出荒腔走板的宗教政治戲，讓很多台灣人民看不下去，「幹」聲連連。

星雲更在中國口出狂言，說台灣沒有台灣人、只有中國人。還莫名其妙地勸說，達賴喇嘛要認識清楚自己是中國人。

這一席話被中國媒體大肆宣傳。傳到台灣掀起軒然大波，很多台灣人群起抗議。

有人跑去佛光山示威，迫使大廟關門封山。還有人呼籲台灣人民不要再「飼老鼠咬布袋」，捐錢給佛光山。

為此，我第二次寫了嚴厲批判的文章，說：星雲創建台灣第一大廟佛光山。他的佛光寺廟遍及世界五大洲，佛法影響無遠弗屆。憑他戰後身無分文的落難和尚逃亡到台灣，獲得百萬台灣、尤其是南台灣人民的熱情支持，建構了龐大佛教王國。他真的是吃台灣米、喝台灣水、成大業的大和尚。

我罵他，被無神論的中共統戰官員當傀儡、利用，向他的百萬信徒，說出中共專制政權希望他說的話，鞏固他們的專制政權，出賣台灣人民的自由民主人權、國家的獨立主權。

二〇一六大選要來了。星雲還是備受尊敬。二〇一五年九月十二日，高雄余家班舉行「余陳月瑛女士逝世周年紀念策展活動」，小英（蔡英文）、陳菊等民進黨人士外，與余家交好的星雲也到場。大師發言說：「余陳月瑛是佛光山的信徒代表，今天余陳變成媽祖婆，不只一個媽祖婆，高雄市長陳菊也是媽祖婆；現在在選總統、一定可以當選的蔡英文更是我們的媽祖婆。台灣的媽祖婆這麼多，媽祖一定會保護台灣。」

說得真好，真好聽。但是，沒幾天，他又在《星雲智慧》新書發表會上，稱讚洪秀柱（柱柱姐）是聞聲救苦的「觀世音」，而要當「媽祖婆」的民進黨總統參選人蔡英文，則是觀世音的弟子。他並說，希望洪秀柱若取得勝利，能領導台灣，「大家都做中國人！」

他並宣布，自己當了八十年和尚，不會再做牧師或神父；同樣道理，他做了七十一年國民黨黨員，也不會再做其他政黨黨員了。他並稱許柱柱姐個子不是很高，但信心、勇氣和智慧都很高、很大，「在我們心中，她已經當選中華民國總統。」

這兩席話，聽來令人錯愕。說好點兒，他是大智若愚，廣結善緣，見人都說好話，不說壞話。說壞點兒，他是中國醬缸文化的標準阿Q，見人說人話，見鬼說鬼話，是非不分，黑白不明，滿口黑白講。

如今，我也老矣，有點同病相憐，不再那麼刻薄，就說他是大智若愚，不是中國阿Q吧！但是，他堅持做中國人、不做台灣人的大一統中國民族主義，不尊重台灣人的自由民主人權，是大是大非的問題，我絕對反對到底，非要嚴厲批判不可。

星雲稱讚小英是媽祖，又說柱柱姐是觀音，還說媽祖是觀音的弟子。小英聽後笑說：「我還是一句話，星雲法師是出家人，不要老是拿俗事去煩惱他了」。媒體追問：「媽祖婆的副手會是誰？」小英笑笑回應：「你要不要去問媽祖婆？」

善哉，斯言！在民主台灣和專制中國之間，我選台灣，當台灣人；星雲選中國，當中國人。我們之間的紅塵俗事，問媽祖婆，恐怕也「無法度」化解我們的迷障。

二〇一五年九月二十五日

黑水溝很深，文明差距很大

一九六六至一九七六年，毛澤東十年文革把中國搞得天翻地覆，天怒人怨。他一九七六年九月九日去世，發瘋的四人幫很快就被鬥倒、鬥臭，關入黑牢。鄧小平文革中被打成走資派，受盡屈辱，兒子跳樓自殺。一九七八復出，大肆推動改革開放，走資本主義路線，放棄老毛的無產階級革命。

一九八一年九月三十一日，國家主席葉劍英提出「有關和平統一台灣的九條方針政策」，也即老鄧的「一國兩制」概念。當時中國和英國展開香港一九九七回歸談判，老鄧為解決台灣統一問題設計了「一國兩制」，卻先使用在香港談判上，獲得英國的贊同，而一石二鳥，被認為是天縱英明，政治理論的開創意念。

天安門殺學生

一九八九年四月十五日，改革派的胡耀邦去世，爆發地動山搖的天安門民主運動，學生霸佔天朝所在的天安門。五月十八日，老鄧決定軍事鎮壓天安門，血流成河，坦克、機關槍屠殺數千手無寸鐵的學生，變成人類歷史千古罪人。

一九九二年一月十八至二十一日，鄧小平南巡武昌、上海、深圳、珠海等地，發表「生產力為基礎的發展觀」談話，觸動了他的「不管黑貓白貓，能抓老鼠就是好貓」的國家資本主義經濟發展政策。廿三年來，中國經濟起飛，成為世界第二GDP大國。

一九七九至一九八九年，可以說是中國政治改革的黃金十年，有人說是「中國之春」，有人說是「北京之春」。我常說，一九八九年五月十八日，如果老鄧支持趙紫陽的鴿派，反對李鵬的鷹派，接受學生的民主改革訴求，今日中國可能會有不同的政經社會文化面貌。

那是一廂情願。中國傳統專制文化秦始皇兩千兩百多年來一脈相承，根深蒂固，老毛的無產階級革命沒有改變它，老鄧的改革開放也沒有改變它。

不過，那十年，我常跑中國。中國社會科學院、北京大學、人民大學，青年政治學院、武漢大學、杭州大學等，都去演講過。我去，不講馬列主義，而是講西方的自由民主主義，講台灣成功的民主化，非常受到學生學者們的歡迎，「轟動」一時。交到了不少學界朋友，從年輕學子，如王軍濤、蘇曉康、遠致明等《河殤》作者，到趙紫陽的改革智囊蘇紹智、嚴家其等，都有幸交上。連中國人權之父方勵之，也到過他家喝酒，並請他來澳洲演講。

一九八三我們幾位海外「台獨」學者，被請去北京開「台灣之將來」西山會議，見到了鄧小平、鄧穎超等中共領袖。一九八六我全家三人被邀請訪問中國，國家主席楊尚昆在北京烤鴨店請我們吃飯。

天安門事件時，我也在昆士蘭大學大聲呼應、大力支持北京學生。參與六四民運的學生、學者，不少是我八、九年來在北京認識的菁英份子。我天真地認為，他們順應時代潮流，推動中國民主化，成功的機會很大。

我不去中國

當然，我是大錯特錯。就這樣，我對中國完全失望。廿六年來，除了一九九六因研究需要跑了一趟北京，再也沒去中國訪問。這些年來，很多台灣朋友認為我應該去中國看看，台商朋友更是熱情邀請我去親眼見識中國崛起的繁榮富貴。我都拒絕，堅持中國一天不平反六四、不走民主化的大道，我就一天不去中國訪問。

廿六年來，中共政權也把我當作天安門「幕後黑手」（冤枉的）、「台獨大老」（沒資格），拒絕往來。我們沒有任何官方接觸。

日前，突然經由朋友傳話、聯繫，一位中國駐澳官員和我餐敘，針鋒相對、尖銳對話了兩個多小時。我說我話，他說他話，雖有雞同鴨講的錯亂感覺，卻也該說的話都說了，我沒說服他，他也沒說服我。

我深深發覺，台灣和中國不僅只隔了一條很深的黑水溝，還已發展成兩個不同的文化系統，差很大；甚至已成東方專制與西方民主政治文明衝突的對峙局面。令我想起斯諾（C.P. Snow）的《兩種文化》（*The Two Cultures*），也想起杭亭頓的《文明的衝突》（*Clash of Civilizations*）。

這位官員有法學博士學位，曾在中國大學任教，也曾去台灣開過學術會議。但是，他是鐵一樣的習近平模式的中國領導菁英，心態、學識、語言、意識型態、中國中心主義（Sinocentrism），一模一樣。

雞同鴨講的對話

他認為，中國十九世紀前是世界最富強的國家，文明最先進。是十九世紀西方帝國主義侵略，讓中國受盡污辱，變成落後國家。現在中國崛起，富強起來，就是要恢復中國帝國、中華文化的世界中心地位。同時，中國要復興儒教文明，讓它不僅在中國、也在世界發揚光大，成為世界主流文明體系。

他認為，西方自由民主主義，不僅不適合儒教文明的中國，在中國窒礙難行。

在很多國家，尤其東方的台灣、日本、南韓等國，也不是成功的實踐經驗。他舉這些國家政經社會的動盪不安，人民一天到晚上街頭鬧事，政府領導因選舉、政黨爭權奪利，變來變去，亂七八糟，政策朝三暮四，導致金錢政治、政治腐敗、政府無能、經濟衰敗、社會混亂。

他說，西方的民主是假的，中國的民主才是真的。他說，中共一黨專政、黨內民主、協商民主，人民大會由鄉村、縣市、省市到全國代表大會的選出，任命政府官員，是最好的民主。

在台灣與中國關係上，他的論調，和習近平一樣。滿口「九二共識」、「一中原則」、「一國兩制」、「台灣制度不變」，說是中國對台灣的最佳禮讓和安排。在經濟上，他更一再強調，台灣經濟前途在中國。中國經濟如是蓬勃發展，台灣不要失去這麼好的機會，搭上中國崛起快車，快速發展台灣經濟。

我一一駁斥，指出：儒教是兩千年來中國統治者用來維持專制獨裁的意識型態。西方民主不能實用在東方國家的說法，已被日本、南韓、台灣等國的成功民主化否定，這些國家的民主是真民主。中共一黨專制的黨內民主是假民主，甚至反民主。香港的「一國兩制」根本沒有兩制，名存實亡，二〇一七答應的特首民選，已變質、跳票。

中國經濟起飛，是專制國家資本主義，比起美國等西方民主國家的真正自由市場經濟，短時間看起來好像有其生產優勢，但長遠看，缺乏Amartya Sen（諾貝爾經濟獎得主）的「自由」與「發展」密切關連的研發創新基因，不可能永續發展。專制中國要真正（不僅GDP）超越民主美國的經濟，有其根本基因性的阻礙、困難。

我提出中國還有兩億人口生活在貧窮線（Wrold Bank）下的嚴峻事實。他不僅同意，還說中國算法不僅兩億，是三億，並說中國GDP per capita，比美國、日本、台灣差很大。我提出，馬英九近八年來把台灣經濟全面傾斜、納入中國「一中」經濟，結果是完全失敗，經濟大衰退，今年台灣經濟GDP成長率將不保百分之一。我強調，台灣經濟前途不在中國，在全世界。

我們一來一往，有火氣、火藥味。但還理性、平和。到頭來，他沒說服我，我也沒說服他。最後，我明說，我們對談的理念、想法差很遠、很大，在一定程度上，彰顯了目前台灣和中國文化、政治、民心、民意差距很大的鴻溝存在。

我認為，兩邊四百年來已發展成兩個不同的文化、文明體系，不僅不同，還有本質上的矛盾和衝突。

蔡英文的台灣

我們一見面，他先問我是不是蔡英文（小英）後援會的會長，還問我曾是哪位總統的國策顧問。他也一開始就勸說，希望蔡英文能接受「九二共識」、「一中原則」和「一國兩制」。我細說蔡英文「維持現狀」的苦心孤詣、思維和政策，回應他的勸說。

我當時的自然心裡反應是，他已接受蔡英文明年要贏的現實，希望瞭解她的中國政策，也希望我能傳達他們的台灣政策。中國官方拒絕跟我來往廿六年後，這個小英因素，可能是他們第一次邀我見面的主因。

海峽的黑水溝很深，兩岸的文明差距很大。蔡英文和習近平能否克服困難，化解雙方的差異和爭執？我很悲觀，認為很難。

二〇一五年十一月二日

沒有名分上床叫通姦
——馬習會

星期三（二〇一五年十一月四日）清晨，我還在睡大覺，老婆月琴，氣急敗壞，大叫，「台灣完蛋了！馬習會要召開了！」我被驚醒，叫回去，「怪叫什麼？我要睡覺！」，我無動於衷。

歷史性的馬習會於星期六（二〇一五年十一月七日）在新加坡召開，轟轟動動，全世界的媒體都在注目。第二天，星期日，一早，好友王輝生（大田一博）醫師，從京都打電話來澳洲，一樣氣急敗壞，擔心地說，「馬習會確認了一個中國原則，日本人很憂心」。他說，《日本經濟新聞》如是報導。

有見面、沒突破

害我花了半天時間，費盡口舌，說明、安撫他，不要擔心，那是空口說白話，而且都是舊話、廢話，既無新意，也無突破，沒意義，沒路用，不要大驚小怪。

沒錯，馬習會是歷史性突破事件，引起世界媒體注目，都有重點報導，也有詳細評論。但是，隔一天，星期日，我特別注意澳洲，也稍微掃視了一下其他國家的重要媒體，中國、台灣和日本外，發覺馬習會消失得無蹤無跡，沒有新的報導，沒有新的評論，好像沒有發生過。

當然，我非常注意事情的發展，細讀、細聽媒體報導，就怕「奇怪耶，你！」（馬英九）真的「歷史定位」中毒太深，發瘋暴衝，和習皇帝（習近平）達成突破性、邁向終極統一的實質協議。

理性上，我非常清楚，那是不可能的任務，但是情緒上，因為對「他，馬的」（馬英九）實在沒有信心，擔心他心智全盲，發瘋暴衝，莽幹到底，就是要引清兵入關，出賣台灣，終極統一。

理性上，我有信心，非常清楚，「奇怪耶，你！」在新加坡不可能有如是實質重大突破，不是因為他不想，而是他不敢，他不能，他無能，沒有那麼大的本事做出（pull off）那麼重大的歷史突破。

我也非常清楚，習皇帝心知肚明，馬英九不可能pull off那麼重大的歷史突破。

叫我「先生」

星期六的新加坡香格里拉之會，證明我的看法正確。那是習皇帝掌中演出的布袋戲，馬英九只是戲中無關緊要的布袋小丑。在習皇帝手中，馬英九拚命演出。戲演完了，「奇怪耶，你！」也就無戲可演，回歸他政治生命的歷史垃圾堆，船過水無痕。

台灣人，沒有人會理他。台灣人，沒有人需要理他。為什麼？讓我根據「他，馬的」口口聲聲的「中華民國」憲法，論述如下：

本來，六十六年後，台灣和中國的「領導人」，跑去新加坡「馬習會」，當然是天大的事，引起世人注目，可謂驚動武林。

世界各國媒體都大肆報導，卻都明確稱呼他們「中國國家主席習近平」、「台灣總統馬英九」（沒有人稱呼他「中華民國總統」），沒有人稱呼他們「先生」。但是，天下就是有這麼奇怪的事，本來中國和台灣都是貨真價實的國家，兩國都有國家憲法，明文規定，兩國的最高領導人，一叫「總統」，一叫「主席」。兩邊卻偏偏都說，馬習兩位難兄難弟見面，不是「總統」和「主席」，而是台灣和大陸地區的「領導人」，互稱「先生」。

會後，李顯龍請馬英九喝茶，李顯龍在臉書上表示，「難得有機會和老朋友馬英九喝茶敘舊」，英文部分則寫著與「President Ma Ying-jeou（馬英九總統）」一起喝茶。真夠諷刺，地主國的總理叫「President」，會談國卻只叫「先生」。

一個字一個字講得荒腔走板

馬習會後，在返國的飛機上，馬英九向台灣媒體說明，他當面告訴習近平，兩岸在一九九二年十一月達成共識，內容就是海峽兩岸均堅持一個中國原則，但對其涵義認知有所不同，可以口頭聲明方式各自表達，這就是九二共識、一中各表。他還強調，我方的表述，不涉及兩個中國、一中一台、台灣獨立，因為那是「中華民國憲法」所不容許的。他說，他提中華民國憲法，沒有講中華民國總統。

問題是，這是他在閉門會議時說的話，會前在媒體前公開發言時，他講「一個中國」卻沒講「各表」，更沒講「中華民國」。還有，閉門會議中，他只說「中華民國憲法」，不是「中華民國」主權獨立的國家，更沒說「我是中華民國總統」。

他說：「我們和大陸有了很多的商談，希望鞏固台海和平、維持兩岸現狀，這樣的目標是兩岸一致的。」隨後他也提到：「我這次的做法對於參加總統選舉的三個黨都是有益的，因為我搭的橋是兩岸領導人未來常態性會面的第一步，所以不論是哪一位當選，我們搭的橋，他都可以走。當然，他必須要接受九二共識，才能夠使對方感到放心。」

馬強調，他「一個字一個字都講了！」他要站穩「中華民國總統」該有的立場。還說，從沒有人在中國領導人面前提到中華民國、一中各表、隔海分治。

「奇怪耶，你！」，馬習會中，他沒說「中華民國總統」，會後，在飛機上，對台灣媒體，他卻說他「站穩中華民國總統」的立場。真是騙人不打草稿。

反看習皇帝，他僅說，「大陸和台灣同屬一個中國，兩岸關係不是國與國的關係，也不是一中一台」，兩岸尚未統一，但中國主權和領土完整，從未分裂。

他還提到，兩岸是「打斷骨頭連著筋的同胞兄弟，是血濃於水的一家人」。他重申，「堅持九二共識，鞏固共同政治基礎」的立場，兩岸共謀民族偉大復興，讓兩岸同胞共享民族復興的偉大榮耀。

都是舊話重提，廢話連篇。怎麼看，馬英九講的都是他二〇〇八年選上總統後一再重複的廢話。習皇帝講的更是中國領導人二十多年來一再重複的喊話。

請問台灣人，兩位仁兄的話，我們是不是聽了N年、N次了？有任何新意嗎？有任何突破嗎？我們需要聽嗎、理嗎？

見面空口說白話

沒錯，不同的是，這次是兩位「地區領導人」第一次歷史性見面說話。馬英九在返國專機上回答隨行媒體時說，這次聚會如果要講有何成果，最重要成果是海峽兩岸領導人終於見面。

他老兄說對了。終於見面！是這次馬習會的唯一突破。而這個突破非常空虛，連象徵性的歷史意義都非常薄弱。

它只是馬英九個人，不是中華民國（台灣）的國家突破。他們難兄難弟以名不正言不順的兩岸「地區領導人」的身分見面，當然沒有國家政府合憲合法的名分（legitimacy），沒有主權權威（sovereign authority），不能簽署任何國家合憲合法的政治協議。他們口頭上談定的「共識」（九二共識、一個中國），也僅是兩個「地區領導人」口頭說說的共識，根本是空口說的白話，不是白紙黑字簽上「總統」和「主席」正名的協議。兩人連簽署聯合公報的名分都沒有，根本不能發表公報。

假如馬英九不以「中華民國總統」之名簽署協議或發佈公報，在「中華民國」憲法下，當然違憲違法，台灣人民和二〇一六大選後的（可能是蔡英文）的中華民國（台灣）政府，當然沒有合憲合法的權力和義務遵守該協議或公報。

這是民主憲政的ＡＢＣ。所以，他在馬習會中所有發言，都是空口說的白話，說給自戀、自慰症候群病入膏肓的「奇怪耶，你！」自己聽的廢話。

至於小英（蔡英文）批評馬英九沒提台灣的民主，「台灣人就是民主人，就是自由人」，要他在習皇帝面前提自由民主人權，那是太（萬）歲頭上動土，「他，馬的」敢？能？他在台灣人民面前都不提，要他在習皇帝面前提，甭想。

都是 farce（法事）

台灣今年「法事」（farce）特別多。朱立倫剛辦完「杜下朱上」國民黨亡黨的法事。馬英九又急起直追，跑去新加坡辦了中華民國亡國的法事，還順便辦了自己政治生命死亡的法事。一舉兩得，可謂豐功偉業。

馬習會不僅是政治通姦，根據中華民國憲法，馬英九是通匪、通敵、違憲、違法，觸犯內亂外患罪。這是我對馬英九的蓋棺論定。至於《時代》週刊定位「他，馬的」cipher（無用之人）、loser（魯蛇），加上《經濟學人》的bumbler（笨蛋），雖都滿傳神的，但太客氣了點。

二〇一五年十一月十三日

敵我分明
——親美、抗中、反IS

馬英九被夫人酷嫂罵「奇怪耶，你！」，他叫自己「他，馬的」。其實台灣也很「奇怪耶，你！」。台灣真的很奇怪，說是國家，又不像國家；說是民主國度，信仰自由民主人權，又有ROC（中華民國）的「他，馬的」，拚命要和專制PRC（中華人民共和國）的習皇帝（習近平）握手言歡，說台灣是中國的地區，最終兩邊要統一。

歷史的滄海桑田

之前一百多年滄海桑田。一九一二年，KMT（國民黨）建立共和，一九二三年第一次KMT和CCP（中國共產黨）合作。一九二七年翻臉，蔣介石清共，大殺CCP。一九三六年西安事變前，老蔣不打日本，打CCP。事變後，被迫兩次合作，貌合神離。一九四五年二戰結束，國共內戰馬上烽火連天，燒死千萬中國人。

一九四九年，老蔣被老毛打得分崩離析，掃地出門，趕去海角孤島、美麗台灣，要「一年準備，兩年反攻，三年掃蕩，五年成功」，蔣家父子反共四十年，騙很大。最近哈佛大學研究員細讀蔣介石日記，發覺老蔣騙台灣人騙到死。

一九五〇年爆發韓戰。美國被迫支持蔣介石，派第七艦隊進入台灣海峽。雖然一九七九年和PRC建交，美國還是通過《台灣關係法》（不叫ROC關係法，叫*Taiwan Relations Act*），武力保護台灣，維持台海和平。

小蔣知道他老爸騙人，他們父子必死台灣，開始建設台灣，並堅決反共，堅持「三不」，「不接觸，不談判，不妥協」，還在內外民主浪潮衝擊下開始民主化。台灣和美國因而變成不僅是反共戰略、也是反專制的民主夥伴。

一九八八小蔣去世，阿輝伯（李登輝）大力推動台灣的民主化，並於一九九九提出「兩國論」，想脫離「一中」詛咒。阿扁（陳水扁）二〇〇〇打敗連戰，台灣第一次政黨輪替，民主邁前一大步。二〇〇二阿扁提出「一邊一國」，台灣主權獨立也邁前一小步。

二〇〇八馬英九一上台就宣布台灣不是國，是中國的地區。二〇一二，他再勝選，立即推動他的終極統一議程。過去兩、三年，雖然他的民意支持直落九趴，還是處心積慮，就是要確立他的歷史定位，並以「馬習會」為他的定位目標

「他，馬的」背叛蔣家父子

二〇一五年十一月七日，馬習會在新加坡舉行，在復興中華文化的民族主義意識型態下，他們見面握手八十一秒，確定了馬英九背叛蔣家父子、背棄民主台灣、擁抱習皇帝、接受專制中國的歷史定位。

有此歷史背景，台灣人的抉擇滿清楚。「他，馬的」統派是民族主義掛帥，要中國統一台灣，反對台灣獨立，因而親專制中國、反民主美國。阿輝伯的台派是自由民主人權掛帥，要深化台灣民主、維持台灣主權獨立，因而反專制中國、親民主美國。

在此政治氛圍下，看美國總統歐巴馬最近的反IS（伊斯蘭國）發言，就很有意思。歐巴馬十一月二十二日在吉隆坡舉行的US-ASEAN（美國－東南亞國協）高峰會上發表演說時指出，亞太地區無法豁免於恐怖主義的重大挑戰，事實上許多亞太國家是反IS聯盟的成員，其中包括澳洲、加拿大、日本、馬來西亞、紐西蘭、新加坡、南韓及台灣。歐巴馬隻字未提參與該峰會的區域強權中國，卻提及無緣與會的台灣，令人玩味。

他說，美國建立並主導有六十五個國家參與的反IS聯盟，這些國家的貢獻對聯盟的成功非常重要。

他指出：「恐怖主義的本質就是，他們在戰場上勝不了我們，所以就致力恐嚇我們，使我們喪膽、改變行為模式，讓我們恐慌、棄友邦於不顧，而做為總統，我不會讓這些事發生。」

聽到歐巴馬這番話，統派跳腳，台派認同，晉渭分明。各方神聖，卻有混淆不清的看法。有人說，IS打了馬習一巴掌，直接宣布台灣是獨立國家。有人說，我們被歐巴馬陷害了。中國網友叫囂：「台灣不是國，只是地區！IS你說清楚！」。

台北市長柯文哲罵美國，平常好事沒有台灣，這時（不是好事）美國才點名台灣。前行政院長郝柏村說，台灣（中華民國）不宜正式參加世界反恐聯盟。

歐巴馬認同台灣

《蘋果》社論也罵，歐巴馬烏鴉嘴，說「世界上有兩個國家莫名其妙：美國及中國。美國行政當局平常國際上有什麼好康的絕不會想到台灣，也不敢提台灣，怕中國『不高興』；前天歐巴馬卻把台灣列入美國反恐統一戰線。有這種鳥事時就想起台灣了」。

《民報》社論也抱不平：台灣（中華民國）的宗教包容度很高，並沒有西方、西亞和南亞國家常見的宗教衝突，被IS「點名」實在莫名其妙。由於台灣被歐巴馬「正面」點名，因此也被IS「負面」點名。但在這些「點名大會」中卻都沒有發言權，再一次突顯台灣國際處境的難堪。英國《獨立》報（*The Independent*）分析，IS承認台灣是一個國家的作法，其實是為了激怒中國。《聯合晚報》承認，「台灣當然要支持國際反恐合作。」

政論家南方朔也說，台灣並不反伊斯蘭國。他表示，台灣是美國反伊斯蘭國的盟友，歐巴馬的話是好意或是惡意，一定要妥善應對，我們千萬不能因為他提到了台灣就爽在心裡。美國可以在許多地方表示對台灣的善意，而今實質的善意不多，卻把台灣扯進反對伊斯蘭國的這個濫攤子，這對台灣並非好事。

美國不把專制中國當成友邦，列入反IS聯盟，有其道理。統派認為那是無理歧視、暗算陷害台灣，說法沒道理。和俄羅斯一樣，中國的反IS有其權勢戰略目的。俄羅斯是要支持敘利亞的阿薩德（Bashar al-Assad）專制政權，並要擴張俄國的中東權勢地位。中國的反恐則包括反疆獨、反藏獨、反台獨，有其反人權的隱藏議程（hidden agenda）。

至於統派的哀聲抱怨，說美國在消遣台灣，把台灣當小弟，拉去當箭靶，硬要把台灣變成IS恐怖份子的攻擊目標，很不道德，台灣應該遠離美國，保持距離，以策安全。那是見縫插針的小心眼、小眼睛、小鼻子，可笑的說法。

民主命運共同體

過去六十五年，沒有民主美國的協防，台灣早就被專制中國武力侵佔了。未來六十五年，沒有美國的支持，民主台灣遲早會被專制中國武力併吞，這是可以預料的歷史結局。台美聯盟是權勢現實，也是自由民主人權的正義聯盟。

日前美國媒體專欄報導，歐巴馬政府可望在十二月中旬出售近十億美元（約新台幣三百二十五億元）的武器給台灣，其中包括飛彈巡防艦，十二艘AAV-7兩棲突擊車，一架阿帕契直升機以取代已損的飛機；此外，還有刺針、標槍和TOW反坦克飛彈系統。這是四年來美國首度軍售台灣。

歐巴馬提到台灣，把台灣當成反IS盟邦，等同打臉中國，承認台灣是主權獨立國家。該是可喜的事，但也沒什麼值得大驚小怪。實質上，重要的是，台灣應和民主國家義正辭嚴、公開合作，全力打擊惡魔IS。同理，美國和其他民主盟邦、如日本、澳洲、南韓，也應義正辭嚴、公然援助台灣抗拒專制中國武力侵犯台灣。

上面一大堆各方神聖的看法，南轅北轍，雜亂無章，彰顯的當然是台灣的政治亂局。在專制中國和民主美國及民主台灣之間，是敵是友，統獨兩極爭議很多。我這個一生相信自由民主人權的民主人，看法倒清清楚楚。專制中國是民主台灣和民主美國的敵人，台灣的生存依賴美國，應和美國建立民主戰略盟邦關係，共同抗拒要武力併吞台灣的中國帝國主義霸權威脅。

IS以伊斯蘭教之名做違反、殘害人道、人權、濫殺無辜、獨裁專制的魔鬼行徑，台灣應該義無反顧、全力支持、參加美國領導的反IS聯盟。台灣不能說，中國打台灣時要美國協防台灣，美國打IS時和台灣無關，台灣要自掃門前雪，莫管他家瓦上霜。

台灣阿Q就等死

那是阿Q。人道和人權連接全世界、全人類。昨天的紐約和巴黎，可能就是今天的台北和東京。今天是你，明天可能就是我。針對IS的巴黎恐怖暴行，前副總統呂秀蓮說，台灣應居安思危，「台灣不關懷別人，別人怎麼會關懷我們」。

台灣有人不信邪，不願親美、反IS、反中，不僅「奇怪耶，你！」，還居心叵測。如是台灣人，等死吧！

二〇一五年十二月九日

民主還是有用
——澳洲批准呂前副總統訪澳簽證

這個呂副故事有如電視肥皂劇，滿精彩的。

約三個月前，呂前副總統的機要告知，呂副將有紐西蘭之行，會順道訪問澳洲，可能會要我安排布里斯本活動。約兩個月前，又來信說只去紐西蘭，不來澳洲了。約三週前，突然又來電說要來雪梨和布里斯本，請我安排僑界演講及與澳洲政界見面事宜。

之間，還鬧出主辦人雙胞胎的鬧劇，令我大發脾氣（當然是發假的）。

突擊戰術達陣

一接手，我馬上發動台灣在澳協會的老戰友及小英之友會的新戰友，全面動員備戰。因時間急，動作要快。

大家快馬加鞭，分工合作，兩週就把活動安排就緒。呂副團隊六人，只在布里斯本停留一天，接送機、訂飯店、演講、晚宴、Mt Coot-tha早餐、看風景，都安排得「舒適、安全、完美」。

最困難的是，晚宴目的是邀請澳洲政治人物與呂副餐敘，要有實質內容的對談，談台灣、澳洲、世界大事，不僅是請客吃飯的「social」（社交活動）。因此，請的澳洲政界人士，也要有點分量、內涵。主要以聯邦國會議員為主、昆州議員為副。

如是重要邀請，通常兩、三個月前就應發出邀請函。我的時間只有兩、三週，可謂mission impossible（不可能的任務）。我狗急跳牆，用突擊戰術，以呂副一生對台灣人權、民主犧牲奉獻的豐功偉業為主軸，「威脅利誘」，甚至請吃飯當面「逼迫」，「非要」他們撥冗參加不可。

請來不少貴賓

結果，戰術達陣。布里斯本的議員本來就不多，又值Easter（復活節）假期，很多人家庭團聚、出去旅遊，我們能請到近十五位澳洲貴賓，可謂難能可貴。

呂副預定四月七日抵達布里斯本。三月三十一日清晨，台北、坎培拉同時來電，告知呂副澳洲簽證還沒批准。我的直接反應是，又是中國無理取鬧、向澳洲下壓力、沒有骨頭的澳洲政府屈服在專制中國淫威下、不讓已經退位八年的民主台灣的前副總統來澳洲訪問的黑色鬧劇。

我暴跳如雷，氣得「幹」聲連連。想到連紐西蘭都邀請她當貴賓，在亞太職業婦女大會主題演講，澳洲竟怕中國怕到不讓她過境訪問兩天（一天雪梨），真氣死我耶！

我雖氣昏了頭，卻馬上行動。先打電話給坎培拉的台灣代表李大使，搞清狀況。李大使的外交語言是，澳洲外交部認為「時機」（timing）不對，澳洲總理近期將訪問北京，和習近平有約，不能節外生枝，惹怒老共（我的話）。他沒講是中國壓力，我認為就是中國壓力。他用英文說，呂副簽證批准「highly unlikely」（高度不可能），我的理解是「根本不可能」。（雖大力反對他的任命，電話中，我還是祝賀李大使出任外長）。

這種黑色鬧劇，我看多了。多年前，僑委會委員長張富美多次簽證被拒，我們抗議，我甚至帶幾十位同鄉去坎培拉國會遊說，都無效，得到的是「timing」不對。

又是 Timing 不對

我認定簽證無望，馬上行動，通知三位澳洲國會議員，表示我的憤怒（我用字「furious」）、抗議，並「威脅」會有後續強力反彈（strong actions against the government），也請他們馬上和澳洲外交部聯繫，要給我答案。

一位在朝、一位在野議員，也馬上行動，向代理部長Peter Dutton（部長在華府開會）查問。給我的立即答覆是，「at this stage, no decision has been made on Madam Lu's application; however, the Minister's office is now taking an active interest in the processing of her application」（目前，還沒決定呂女士的申請；不過，現在部長辦公室正重視、積極處理她的申請程序）。

廢話連篇。大家都心知肚明，呂副簽證已無望，還來這一套外交辭令。

我劍及履及，當天就下令停止所有接待活動，通知、並向澳洲貴賓、台灣同鄉道歉。因登報來不及，通知同鄉，頗費周章。通知澳洲貴賓，我明確傳達同鄉憤怒、要我帶頭強力反彈之意。

四月二日，呂副來問，她要上《年代》電視，可否公開澳洲拒簽一事。我請她等下週一（四日）代部長正式決定、通知我後才發言。我也告訴這裡氣憤填膺的台灣同鄉，等兩天再決定下一步的抗議行動。

四月三日，我請來訪的張旭成教授和一位替我遊說的議員午餐，談台澳關係，當然也談正進行中的呂副故事。

最後一天

四月四日，「It's time」（時間到了）。一早，我傳訊給兩位議員，「anxiously waiting for Minister Dutton's decision」（心急等著Dutton部長的決定）。如准，呂副今晚飛雪梨；如不准，「代誌大條」了。

早上十一點，議員來電說決策者下午兩點回坎培拉，之後才會決定。他說他們聽到了我們的反彈聲音，但是否對我們有利，他不知道。下午三點，議員來電，澄清活動問題，沒提簽證准不准。我頻頻去電催，沒回應。

等啊！等啊！等到五點，終於峰迴路轉，等到意料之外的好消息。我們同鄉下的壓力有效。澳洲外交部同意發給呂副入澳簽證。

呂副那邊也通知行程改為四月十五至十六日。我們會有充分時間重新安排她的節目。

好的故事結局

自由民主人權的澳洲，因經貿因素常向專制中國「kowtow」（叩頭），很難看。

專制中國野蠻、鴨霸、可惡，令人討厭。這次澳洲硬起來，讓呂副故事有個好的結局，我們有一個好的民主故事，令人欣慰、按讚。我來澳洲四十五年，沒來錯。

天理自在，天道自轉。中國實在要改弦更張，不要對台灣趕盡殺絕。中國繼續吃台灣夠夠，只會越吃夠，越把台灣推得越遠，台灣人越恨中國，越要追求主權完整、國家獨立。那是天經地義。

二〇一六年四月五日

荒謬的三國演義——TW、ROC和PRC

這三個國家很不正常，它們之間的恩怨情仇，一籮筐，剪不斷理還亂。

中國當然是中原大國，地大物博，人口最多，有兩千年的光輝歷史，它的儒教文化是世界七大文明體系之一。

十九至二十世紀，中國受盡西方帝國主義的侵略、欺辱，導致東方專制與西方民主政治的文明衝突，至今不斷，還有惡化之勢。

大國不像大國

今日中國已成世界第二大經濟、軍事強國，不停在挑戰超強美國的世界霸權地位。

可是，不管怎麼看，習皇帝（習近平）的中國就是不像領航東方儒教文明、挑戰西方基督教文明的泱泱大國。習皇帝的世界觀（world view），還是停留在鴉片戰爭—

馬關條約—巴黎和約、中華民族受辱的歷史情緒作祟、內爆（implosion）階段。

結果，泱泱中央大國，卻滿腹心酸、疑神疑鬼的「被侵襲心態」（seize mentality），認為四面八方敵國環視，都在搞陰謀、暗算、圍堵，就是要消滅中國。因而常在國際政治上行徑怪異，蠻橫無理，小眼睛、小鼻子的小動作很多，荒腔走板，令人啼笑皆非。

習皇帝的小鼻子、小眼睛，在即將召開的五月二十三日WHA（世界衛生大會）上對台灣做的小動作，令人看得最清楚、可笑、反感。

經過習皇帝的精心安排，中國籍的WHO（世界衛生組織）秘書長陳馮富珍硬在今年（已經第七年了）邀請台灣（Chinese Taipei）出席WHA大會的的邀請函上動手腳，第一次寫道，「回顧聯合國大會二七五八號決議及世界衛生大會25.1號決議，依據其中所述敘的一中原則，我希望邀請您率領來自中華台北衛生福利部之訪團，以觀察員身分參與第六十九屆世界衛生大會。」

不知是否魯迅靈魂入殼，習皇帝謬思大動，竟寫出如是比美阿Q的曠古奇言，讓人嘆為觀止。能把隔了半個世紀的兩段毫無歷史關係的事情連在一起，讓過幾天要就職台灣（ROC）總統的小英（蔡英文）穿他的「一中原則」的小鞋子，不知殺死了多少習皇帝的腦細胞。

誰理你，習皇帝

真是煞費心思，結果卻必然枉費心機，沒什麼路用。

乍看，這雙小鞋子，小英穿不下。她一一六大選台灣人民給她的「mandate of the people」（民命）很清楚：台灣人拒絕習皇帝的「一中原則」、「九二共識」。她如果斷然拒絕，不赴會，天經地義，會得很多台灣人的掌聲，尤其是深綠大老如我者，更會喊讚。

但不能解決台灣參加國際社會、尤其是全球化下台灣人民的衛生問題。結果，小英小姐還是冷靜處理，理性應對。她四兩撥千金說，台灣參與國際組織的活動不應受任何政治框架的限制，特別是台灣人民的健康是普遍基本人權，因此台灣必須務實而有意義地參加WHO。她還說，二七五八號決議為基礎的「一中原則」，和台灣參與WHA無關，而且台灣將繼續參與WHA及相關會議，不代表接受WHO秘書處（習皇帝）立場。

立場清清楚楚、不卑不亢、有憑有據。你老兄、習皇帝，說你的「一中原則」；我，台灣總統，做我的代誌（事情），就是要出席WHA大會。其他讓世人去傷腦筋，評定誰是誰非。

四十五年前的二七五八決議很清楚：大會回顧聯合國憲章的原則，考慮到恢中華人民共和國的合法權利對於維護聯合國憲章和聯合國組織根據憲章所必須從事的事業都是必不可少的，承認中華人民共和國政府的代表是中國在聯合國組織的唯一合法代表，中華人民共和國是安全理事會五常任理事國之一，決定恢復中華人民共和國的一切權利，承認他的政府的代表為中國在聯合國組織的唯一合法代表，並立即把蔣介石的代表從它在聯合國組織及其所屬一切機構中所非法佔據的席位上驅逐出去。

ROC消失、蔣介石非法

決議文裡沒有中華民國（ROC），沒有台灣（TW），只有中華人民共和國（PRC），更沒有台灣是中國（PRC）「不可分割的一部份」的隻字片言。那是一九七一年的「一中原則」，PRC是中國唯為一合法政府，ROC消失了，蔣介石政權非法化了，TW既非PRC合法統治的領土，也非蔣介石（ROC）合法統治的國土。

習皇帝心知肚明，一九七一年聯合國（UN）的二七五八決議文的「一中原則」，和二〇一六年他和馬英九（「他，馬的」）口口聲聲說的「九二共識」的「一中原則」不同。兩個「一中原則」風牛馬不相及，前「一中」台灣人可以接受，世界只有一個中國，叫PRC；後「一中」硬要把TW當作「一中」的一部份、一個地區，台灣人當然不可能接受。

我感覺非常「奇怪耶，你！」的是，習皇帝要騙人，玩阿Q把戲，把一九七一年的「一中原則」和二〇一六的「一中原則」混淆視聽，騙人說是同一樣東西，雖明眼人一看就視破，但還有點創意，可謂用心良苦；但「他，馬的」也阿Q回應，下台幾天前還要宣示他對習皇帝的忠誠，傻裡傻氣、糊里糊塗，硬拗他的「九二共識」、「一中各表」可以成為「我方面對二七五八號決議，最有理、也最有力的回應」。什麼（蝦米碗糕）回應？「他，馬的」當八年ROC（TW）總統，對二七五八沒說過一句反對的話，對TW加入UN沒做過一個爭取的動作。現在被人打臉了，他臉皮真厚，不痛還喊爽。不僅拍拍手說風涼話，說那是小英的問題，跟他無關，還落井下石，幫習皇帝硬要小英穿「一中原則」的小鞋子，真是飼老鼠咬布袋，可惡極了。

都在比阿Q

阿Q極了，讓人無法理解，他老兄哈佛大學的國際法學博士學位是怎麼修來的。明明二七五八說得很清楚，ROC死蹺翹了，他的偉大領袖蔣介石的代表是非法的。現在UN也好，PRC也好，根本不接受他的「一中各表」，在習皇帝面前他更是提都不敢提。就要下台了，已經跛腳鴨變死鴨子了，還嘴硬、大言不慚，說出沒人懂、沒人接受的「一中各表」是ROC對二七五八「最有理、也最有力的回應」。

這位天才級的阿Q，不僅習皇帝比不上，恐怕連魯迅的妙花神筆都寫不出如是天縱英明。

習皇帝和「他，馬的」都在鬧笑話，比美魯迅的阿Q。兩位老兄要成天下笑話，就讓他們吧。

問題是，面對小英的新TW，兩位老兄沒戲演了，把一九七一的二七五八搬出來，舊瓶裝新酒，和他們自已都搞不清楚的二〇一六「一中原則」（究竟是PRC還是ROC？）混淆在一起，騙世人，硬拗說是同一樣東西，要小英穿上這一雙三吋金蓮都穿不進去的小鞋子。

居心叵測，可惡，可笑。對此，阿輝伯（前總統李登輝）直斥，本來就沒有九二共識，馬英九叫蔡英文要談九二共識，「假的事強要變真的，我不同意」；老人家強調，蔡英文不需要談九二共識，「WHA就去參加，不需要談一中」。

老人家直白的話

簡單明瞭，不必長篇大論，老人家幾句直白的話，一針見血點出問題的重心，說出台灣人的心聲。不要理習皇帝和「他，馬的」「一中原則」，默默堅定地，小英帶領台灣走自己的民主台灣路，就是了。

二〇一六年五月十六日

叫台灣不是激情、不叫台灣是冷漠

我們連人性是惡、是善都搞不清楚，人的事情當然很複雜，很難搞。加上「性外」環境生態因素，如各國（兩百多個國家）不同的國情、民情，不同的政經社會發展歷史、文化、經驗，必然影響人性的塑造、人生的行為。人間萬象，真是橫看成嶺側成峰。

我也廢話連篇

我最近的《民報》專欄寫「鐵桿台獨」、「條件台獨」，就有人說是廢話，是假議題。這兩個台獨分類的前提是「中國會不會武力犯台」。問台灣人：一、如果台灣宣布獨立會引起中國攻打台灣，請問您贊不贊成台灣獨立？（鐵桿台獨）二、如果台灣宣布獨立，而中國不會攻打台灣，請問您贊不贊成台灣獨立（條件台獨）？打不打台灣決定權在中國，問台灣人不是問錯人，是什麼？台灣人不可能先問習皇帝（習近平），「假如我們要台獨，你打不打我們？」

我是廢話連篇，罪過！罪過！

小英（蔡英文）五二〇就職演講時未提「九二共識」，中國國台辦當天僅以「未完成的答卷」回應。但一天後，中國就開始強力反彈，國台辦發言人馬曉光威嚇，「九二共識」等兩岸關係原則屬必答題，沒有模糊空間。國台辦主任張志軍也說，凡背離「一中原則」，兩岸關係就會出現緊張動盪，張更直言「搞台獨只有死路一條」。

對這樣的無理恐嚇，我認為根本不必理它，當耳邊風，聽都不必細聽。老毛說的「天要下雨、娘要嫁人」，習皇帝要說什麼，就讓他說吧！十二億中國人都管不著，兩千三百萬台灣人更管不著。不過，他的話中國人都不聽，台灣人更不必聽。

台灣的新總統小英（蔡英文）不同，她說的話，台灣人要聽，仔細地聽、想，需要時要回應。

日前，小英就任黨主席，說了一席語重心長的話。她說：五二〇就職演說中，她將台灣遇到的問題提出來，目的就是要告訴所有人，現在的人民對民進黨的期待，就是在穩健的步伐中一個一個解決。

維持穩定、推動改革

她強調，解決問題不是靠激情，也不是靠感性。解決問題需要長遠的視野、理性的思考、有效的溝通，才能把改革的能量放到最大、衝擊縮到最小。

她說，「人民希望看到的不是另一個國民黨，也不是上一次執政的民進黨，我們必須讓自己成為不一樣的執政黨，才能讓台灣不一樣。」

小英說，「熱情但不是激情，冷靜但不是冷漠，我相信這也是現在這個國家所需要的執政態度，我們要這樣的態度推動國家的改變。」

她說，現在改變已經發生了，這幾天我們看到行政院對學生撤告，因為我們相信當人民憤怒的時候，政府應該能以同理心跟理解的態度面對。

從今以後，各級學校再也不能夠以服儀不整為理由對學生處以懲罰，因為我們相信讓年輕人學會對自己負責，將來他們才會對國家與社會有能力來負責。

她說，這只是開始，接下來的日子裡，我們會創造更多的改變，現在轉型正義、年金改革、司法改革都已經開始了，即便這個國家有各式各樣需要改革的難題，但按部就班、穩中求變是我們唯一的作法，請大家拭目以待。

我詳細引述小英的話，因為這些話說明了她未來四年（八年）國政推動的基本態度、方針和模式，也即SOP（標準作業程序）。簡言之，就是維持政局穩定（現狀）、推動政治改革（國家的改變）。

我瞭解小英的苦心孤詣。在今日台灣國家命運多舛、政經體制千瘡百孔、專制中國文攻武嚇的時刻，她忍辱負重，穩紮穩打的作法，有其一定臥薪嘗膽的道理。

台灣的病很重、要換心臟

但是，台灣有如快要心臟衰竭的病人，非開刀、甚至移植新的心臟不可，還在吃止痛藥、裝幾根血管支柱，根本不對症下藥，是救不了人的。中國武力崛起，一千五百多顆飛彈對準台灣，隨時可能發射，馬英九（「他，馬的」）的八年中，一架先進戰機、一艘現代潛水艇、一顆長程飛彈都沒買，只買些老舊、落後的槍砲、戰車、直昇機、戰艦，根本沒用。台灣不是在等死，在等什麼？

小英面臨的難題，小的如高中課綱微調、太陽花學生的刑事案、中學生的制服等小case（問題），大的如經濟衰退、民生凋敝、年輕人的22K，國民黨的黨產、轉型正義、年金改革、司法改革等大case，再到最大的憲政改革、正名、制憲國家正常化、中國武力威脅等最大的case，千頭萬緒，排山倒海而來，小英要面對、要穩定因應，非常艱難困苦。有很多都是前總統阿扁（陳水扁）說的「做不到，我就是做不到」。

這我可以理解。但是，事情還是有輕重緩急、先後秩序、能作不能作、現在不能作以後能作、現在不作不行、今天不作明天機會稍縱即逝、後悔不及、甚至因而會亡國等種種的狀況出現，問題一籮筐，千頭萬緒、千變萬化。

這就要英明才俊的領導人認清狀況、明辨是非、正確決策，帶領國家和人民，勇敢前進，克服困難，鍥而不捨，「走出埃及，渡過紅海，走入迦南樂土」。

「他，馬的」八年執政，把台灣搞得千瘡百孔、分崩離析，不成國樣。已被世人普遍認為無能，是聞名世界的「笨瓜」（bumbler）。小英被人認為是英明才俊，被《時代週刊》認定是世界第九位最有影響力（能力）的領導人。

小英接手「他，馬的」留下來的內憂外患的爛攤子，要維持現狀，又要大刀闊斧推動改革，當然很難，可以說是阿扁說的「不可能的任務」（mission impossible）。

能作的要作、不要自我作賤

但她被台灣人民選為總統，就是要把不可能變可能，把台灣人帶出紅海、帶入迦南樂土。在維持現狀（中華民國）和改革現狀（台灣共和國）之間，他必須智勇雙全，盡心盡力，找到改革之道，推動改革政策。

在目前嚴峻的中國威脅、美國反對下，她不推動台獨議程，把中華民國改成台灣共和國，很多台灣人能瞭解。但台灣和中國的關係，她不敢明確定位是「台灣與中國的關係」（「中台關係」），使用不清不白的「兩岸關係」（《兩岸人民關係條例》），在ＷＨＡ（世界衛生大會）上，台灣衛福部長林奏延不敢自稱「Taiwan」、稱呼自己「Chinese Taipei」，則實在既無智也無勇，絕不是行政院長林全一句「雖不滿意，但勉強可接受的名稱」，就能讓台灣人滿意、接收的。

對於演講未使用「Taiwan」，林奏延說，這是對中國釋出善意，且「Chinese Taipei」是正式與會名稱，原本就會與「Taiwan」交互使用，若外界批評「台灣」用太少，希望外界能看看他有多愛台灣。

那是和「他，馬的」說的「愛台灣」一樣的廢話連篇。

幾乎全世界都叫台灣「Taiwan」，不叫「Chinese Taipei」。美國雖承認「一個中國」，但國會立法保護台灣叫「Taiwan Relations Act」（《台灣關係法》），不叫「Chinese Taipei Relations Act」。

林昶佐痛批：「令人失望！」。小英、林全、林奏延都應該知道他們錯了。林奏延ＷＨＡ坐位前擺「Chinese Taipei」，我們不滿意但接受，可以瞭解。但他演講不用幾乎全世界都認知、通用的「Taiwan」，卻用台灣人民反對、很多世人都莫宰羊是「蝦米碗糕」的「Chinese Taipei」，不是自我作賤、作孽，是什麼？我要問，ＷＨＡ

有「下令」（能下令？）林奏延不能說「Taiwan」、非說「Chinese Taipei」不可嗎？沒有吧！如果我們說「Taiwan」，習皇帝要抗議，就讓他抗議，為什麼要理他？何況，為什麼他還沒抗議，我們就自我龜縮、矮化？那不是自我作賤、作孽，是什麼？

中國就是「中國」、台灣就是「台灣」，清清楚楚，全世界都知道。台灣國內用語、稱呼、行政、立法，應該就是「中國」和「台灣」，為什麼要叫中國是「大陸」，台灣是「台灣地區」，台灣和中國的關係是「兩岸關係」？不是「台中關係」？明明那是「他，馬的」終極統一的陰謀詭計，小英的新台灣、新政府，還馬規蔡隨，那不是自我作賤、作孽，是什麼？

和中國接觸、談判、交涉、簽訂協議、條約，他們堅持要用「兩岸關係」、「兩岸協議」，我們被迫接受「兩岸」，很無奈但又非接受不可，接受了，台灣人民可以理解。

Taiwan 不是 Chinese Taipei

但國內國外要分辨清楚，應有不同作為，堅持的要堅持，非讓不可的才讓，那才是穩健改革的作法。林奏延在ＷＨＡ說「Chinese Taipei」、不說「Taiwan」，小英在台灣講「兩岸關係」、不講「台中關係」，不是穩健，更不是改革，是自我作孽不可活。

小英不是「他，馬的」bumbler，應該知道：叫台灣不是激情、不叫台灣是冷漠。

二〇一六年五月三十日

空包彈
——「一中原則」和「一中政策」

十二月二日，台灣總統蔡英文（小英）打了一通電話給美國總統當選人川普，掀起了國際政治千層浪。

十天後，川普在電視訪問時說，他完全了解「一個中國」政策，但不懂為何美國要遵守「一中」政策，除非在其他事務上「我們能和中國成功交易」（I don't know why we have to be bound by a One-China policy unless we make a deal with China having to do with other things）。真是火上加油，鬧得全世界雞飛狗跳，喊「狼來了！」的叫聲此起彼伏，中國更是氣急敗壞，暴跳如雷，好像地動山搖，要開戰打台灣了。

令人看得目瞪口呆，啼笑皆非。其實大家冷靜來下，理性分析，會看清楚，中國的文攻武嚇，美國的出賣台灣，就像以前老毛（澤東）笑罵美（帝）國、阿輝伯（前總統李登輝）笑罵中（帝）國紙老虎、空包彈。

中國的話說很兇：如果試圖破壞「一個中國」原則、損害中國核心利益，「最終只能是搬起石頭砸自己的腳」（外交部長王毅）；破壞「一個中國」原則的言行，都無異於玩火，動搖中美關係的根基，如果這一基礎受到干擾和破壞，中美關係健康穩定發展和兩國重要領域合作就無從談起（《新華社》）；「一個中國」不能當籌碼來叫賣，若沒有「一中政策」，台海將會出現「真正的風暴」，屆時武力統一台灣，將成北京政府首要選項《環球時報》。

武嚇也讓親中統派人士滿有感，拚命叫「狼來了！」：中國戰機繞著台灣飛來飛去，耀武揚威，好像要台灣人看到，中國打台灣易如反掌，要美國人看到，中國海空軍可以衝破美國西太平洋的第一島鏈戰略防線，美國協防台灣，沒用，要付很大代價。

我以宏觀、全球，尤其是美中戰略權勢關係地看，這些文攻武嚇的動作，都是外強中乾、虛張聲勢，連台灣人、更不要說美國人，都騙不過、嚇不到的冷戰伎倆。「狼來了」叫多了令人討厭。我認為，這幾天專制中國的歇斯底里，和一九九六台灣大選期間試射飛彈的野蠻動作一樣，都是阿輝伯說的空包彈，嚇不到台灣人，更嚇不到美國人。

今天，連最親中反台的季辛吉、陸克文（前澳洲總理）等政治人物、戰略學家，都公開承認中國軍力落後美國起碼二十年，甚至五十年，中國一定打不過美國。那是紅色人士的客氣話，我認為中國一百年都不可能武力追過美國。

當然，我戰略輕視中國，並不是也要總統小英戰略輕視中國。小英當然要非常重視、慎重因應中國的文攻武嚇。我是老百姓，只能對自己負責；小英是台灣總統，要負責兩千三百萬台灣人民身家性命的安全和福祉。

其實，我寫這篇短文的目的不只是要反駁中國的文攻武嚇，我要指出的是，中國的「一中原則」根本是劃在沙灘上的一條線，以它作為武力犯台、甚至和美國一戰的理由、原因，實在荒謬絕倫，理不直、氣不壯。我也要指出，美國的「一中政策」更僅是政策，美國要保護、要出賣台灣，會根據美國國家利益、政經社會文化、自由民主人權價值決定。

首先，中國的「一中原則」和美國的「一中政策」不同。還有，人說的原則，更不要說人作的政策，很少有恆久不變的道理。昨天的原則，今天可能不再是原則；昨天的政策，今天更可能不再是政策。

還有，國家、國際政治千變萬化，原則、政策不僅可能變動，也可能是國家利益交易的籌碼，賣來賣去，絕對沒有「聖牛」（Sacred cow），不可買賣、交換、make a deal。

尤其在「無政府狀態」的國際政治競技場上，講的是權勢、國力，不是各國自立的原則或自制的政策。連聯合國（UN）制訂的原則、規範和政策，都常常沒路用，沒人理會，沒人遵守。

一九七一年中華人民共和國（PRC）把蔣介石（中華民國ROC）趕出聯合國後，中國的「一中原則」宣稱：世界上只有一個中國；中華人民共和國是中國唯一的合法政府；台灣是中國的一部份。

一九七二年美中「上海公報」確定美國「一中政策」：The United States acknowledges that all Chinese on either side of the Taiwan Strait maintain there is but one China and that Taiwan is a part of China. The United States Government does not challenge that position. It reaffirms its interest in a peaceful settlement of the Taiwan question by the Chinese themselves（美國認知台灣海峽兩邊的所有中國人都認為只有一個中國，台灣是中國的一部分。美國對這一立場沒有異議。美國再確認它關心的是中國人經過和平程序解決台灣問題）。

一九七一年以來，PRC「一中原則」的前兩點，美國承認、接受，但第三點「台灣是中國的一部份」，美國沒承認、沒接受，世界很多國家也沒承認、沒接受，台灣當然更不承認、不接受。其實一九四九年PRC建國以來六十七年，台灣從來不是中國的一部份。世界多數國家和人民，包括一百七十多個承認PRC、不承認ROC的國家，都如是認定。

一九七二年以來，美國的「一中政策」認知（acknowledges）但沒有承認（recognizes）台灣是中國的一部份。這一個基本分別，很多人、甚至美國國會議員，都不清楚。而且，美國認知的是「海峽兩邊的所有『中國人』都認為只有一個中國，台灣是中國的一部分的立場」，並不是「台灣是中國的一部份」。所以，八年後，一九七九年，美中建交後美國國會馬上通過《台灣關係法》，美國可以依法武力協防台灣。

還有，很多人忽略的是，一九七二年台灣在蔣介石專制統治、白色恐怖洗腦、威脅下，沒人敢說「我是台灣人，不是中國人」，說了會殺頭。所以，那時的「台灣海峽兩邊的所有『中國人』都認為只有一個中國」，也許有些道理，很多（絕不是所有）台灣居民可能認為自己是「中國人」。但是，四十四年後，台灣自由民主化了，多數（百分之八十）的台灣居民認為自己是台灣人，不是中國人，不再認為「台灣是中國的一部份」，甚至認為「一個中國、一個台灣，海峽兩邊一邊一國」。

如是，不僅是中國的「一中原則」，連美國的「一中政策」，都已不再符合現實，已時過境遷，典範移動，原則、政策已成不切實際的昨日黃花。台灣和美國以前不應該、現在更不應該接受中國的「一中原則」。美國的「一中政策」也該大肆修正，不能再認知「海峽兩邊的所有中國人都認為只有一個中國，台灣是中國的一部分」的荒謬立場。

最後，最令人匪夷所思的，還是作夢六十七年不醒的ROC。一九四九年被中國共產黨打敗、趕去台灣、一九七二年被PRC取代趕出UN的ROC，還在台灣作白日夢，自稱、自慰是「中華民國」，真是名不正、言不順、滑天下之大稽。統治中國的「中華民國」一九四九就滅亡了（蔣介石說的），世人皆知，只有馬英九、洪秀柱等國民黨的信徒、少數（百分之十）台灣人，還在作這個荒誕不經的「中國夢」，真是自作孽不可活。

小英總統領導台灣還是走不出這個「一中」神（鬼）話的「中華民國憲政體系」，川普都叫妳「台灣總統」，妳偏偏要叫自己「中華民國總統」，那不是自作孽不可活，什麼才是自作孽不可活？

台灣反對「一中原則」武力侵吞、「一中政策」make a deal出賣台灣，當然不能忽視習近平的文攻武嚇、川普的地產大亨生意人的make a deal；但歸根結蒂，台灣自己要名正言順、正名制憲、主權立國、完全切割「中國」。自由民主人權普世價值的發揚光大外，要民主鞏固、經濟發達、軍力增強、擴張民主外交、建立民主戰略聯盟。

到頭來，台灣的生存要靠台灣人，不能靠美國人，更不能靠中國人。這是艱鉅的建國大業，說易行難，所以我只說，小英要去作。（二〇一六年十二月八日）

蔡英文總統與美國總統當選人川普通話後，川普公開將「一個中國」政策說當作對中國貿易政策的籌碼，中共外交部長王毅十二日在瑞士表示，如果試圖破壞「一個中國」原則、損害中國核心利益，「最終只能是搬起石頭砸自己的腳」。

川普在十二日接受美國媒體訪問時說，他完全了解「一個中國」政策，但不懂為何要被「一中」束縛，除非中美在貿易等其他議題上「達成協議」（make a deal），此番談話也被外界視為美國是否要用利用台灣作為貿易談判的籌碼，最後再把台灣賣掉。

耿爽說，「台灣問題事關中國的主權和領土完整，涉及中方核心利益。堅持『一個中國』原則是發展中美關係的政治基礎，如果這一基礎受到了干擾或破壞，中美關係健康穩定發展和兩國重要領域的合作就無從談起。」

耿爽稱，「我們敦促美國新一屆政府和領導人充分認識台灣問題的高度敏感性，繼續堅持一個中國政策和中美三個聯合公報原則，慎重妥善處理涉台問題，以免中美關係大局受到嚴重干擾和損害」。

美總統當選人川普質疑一中言論，引發大陸不滿。大陸《環球時報》昨發表社評痛批，「一個中國」不能當籌碼來叫賣，若沒有「一中政策」，台海將會出現「真正的風暴」，屆時武力統一台灣，將成北京政府首要選項。

鷹派的《環球時報》昨以「特朗普（川普）請聽清楚：一個中國不能買賣」為題發表社評，強力回擊川普。

新華社暗批川普，美國沒有任何一位在任和候任總統在一中問題上發表過不負責任的言論，並強調任何破壞「一個中國」原則的言行，都無異於玩火，動搖中美關係的根基，如果這一基礎受到干擾和破壞，中美關係健康穩定發展和兩國重要領域合作就無從談起。

新華社並強調，世界上不管什麼人、什麼勢力，如果試圖破壞一中原則，損害中國核心利益，最終只能是「搬起石頭砸自己的腳」。

環時嗆聲，若川普要玩「殺敵一千自損八百」的狂野遊戲，中國應堅決奉陪，而不可能失敗，北京應從嚴懲台獨勢力做起，並探討通過非和平手段給台獨不同程度懲罰的可能性，需要有能力在必要時將台灣「黎巴嫩化」，通過武力徹底收復台灣成為真實的選項之一。

二〇一六年台美日暨亞太區域夥伴安全對話研討會昨天登場，主講人之一的遠景基金會董事長陳唐山在會中提到，根據美中《上海公報》，美方從未承認台灣屬於中國一部分，他還特地詢問與會的美國眾議員博達悠，美國是否從未承認此事？博達悠回應「我不太確定」；陳建議博達悠「回去研究《上海公報》」，交鋒引人矚目。

美國《外交》（*Foreign Policy*）期刊近日公布「百大思想家」（Global Thinkers）名單，總統蔡英文因敢於挑戰強權，和德國總理梅克爾及美國前國務卿希拉蕊等人一同入選「政治決策者類」的百大思想家。

《外交》選出蔡總統的原因是「for poking the bear」（字義指去戳熊，激怒對方，意指挑戰中國強權）。文指，蔡英文成為台灣首位女總統後，將台灣主權議題列為優先，和先前的親中政府劃清界線。她主動撤回政府對太陽花學運示威者的控告，並廢止強調與中國文化連結的微調課綱案，「蔡的國慶演說籲北京重啟協商，還說北京應要正視中華民國存在的事實，正視台灣人民對於民主制度的堅定信仰。」

自從蔡英文總統與美國總統當選人川普通了一個電話後，有關美國的「一中政策」問題，成為近來熱門討論話題，川普更直嗆「我不知道我們為什麼要受『一個中國政策』束縛」。此話一出，引發台灣希望與恐懼的兩極反應。

美國前國會議長、川普幕僚之一的金瑞契強調，美國不會鼓勵台灣獨立，但也不會對中國武力統一坐視不管。

The United States acknowledges that all Chinese on either side of the Taiwan Strait maintain there is but one China and that Taiwan is a part of China. The United States Government does not challenge that position. It reaffirms its interest in a peaceful settlement of the Taiwan question by the Chinese themselves.

二〇一六年十二月十九日

以牙還牙
——對中國要實力反抗

專制中國欺壓民主台灣從來沒有手軟過，就是要併吞台灣。二〇〇五制訂的「反分裂國家法」說的很清楚，「一國兩制」和平統一台灣不成，就要武力解放台灣。

這次英、川通話，讓中國失盡Middle Kingdom（中央帝國）的顏面，龍顏大怒。但面對世界超強美（帝）國，無能為力，只能偷撈一艘美國的水下無人探測器出氣。不過，對台灣，習皇帝（習近平）可沒那麼客氣，馬上出手，輕而易舉，就讓不斷要錢的西非小國（人口二十萬）聖多美普林西比和台灣斷交，轉向中國建交。

這次聖國要錢兩億一千萬美元。外長李大維說，那是「天文數字」，基於踏實外交，台灣不願做金錢遊戲。說這樣的話，沒錯，但李外長見笑，台灣以前長期都在玩這樣見笑的金錢遊戲。

蔡英文（小英）總統馬上召集國安高層會議，聽取各部會的當前局勢簡報，隨後做出三點裁示：一、不與中國大陸進行金錢競逐；二、外交不是零和遊戲，以任何框架試圖限縮干涉台灣國際參與，不僅是國際社會損失，更對兩岸關係健全發展毫無助益；三、財經部會持續關注股滙市狀況，也做必要的因應。

一樣是見笑的話，是該說、更該作的話；問題是，說得不夠，作得更不夠。被人欺凌到如是難堪、難看了，還在說這些不痛不癢、本來就該說、該作的話，未免太阿Q了吧。

面對霸權、帝國主義的中國，台灣要學以色列，以牙還牙，你打我、我也打你，冷酷、堅硬、現實主義、權勢政治地反抗專制中國。

首先，小英和台灣人要瞭解、接受國際權勢現實，留下的二十一個迷你邦交國，對台灣國家主權獨立、國際權勢地位，一點重要性都沒有，全部斷交也沒有實質關係。

然後，從聖多美普林西比斷交開始，每一次斷交，台灣就應該實力反彈，一次一次前進，一步一步建構台灣的主權大廈。我相信，其他二十一個迷你邦交國被中國全部買去後，台灣必然可以完成全面主權建構，成為完全脫離「一中」魔掌的新台灣國。

以這次斷交為例，台灣被欺負，全世界都看到，台灣就可以順勢操作，完成公投法的修正，之後舉行正名公投，問台灣公民要不要把國名「中華民國」改為「台灣」。

下次又和×國（梵諦岡？）斷交，台灣再舉行公投，問台灣公民，要不要以台灣之名申請進入聯合國。

就這樣，一次斷交就一次公投，一次又一次確定台灣的主權獨立。

還有，斷交後省下來的錢（如這次的兩億美元），馬上加倍購買先進武器，對抗中國的武力崛起。

我甚至認為，川普執政後，如他所言，要日本、南韓核武化以抗北韓（和中國），台灣也應製造核彈遏阻中國武力威脅。

二〇一六年十二月二十二日

震撼心靈的沉默

——我的宗教觀

日前去看了馬丁・史柯西斯（Martin Scorsese）的電影巨作《沉默》（Silence），看得我心靈震撼，久久不能釋懷，因為它震到了我的內心痛處，我一生不停在問的心靈問題：為什麼我不信教？

這部電影改編自日本作家遠藤周作的同名小說。電影於二〇一五年在台北中影文化城、新北市瑞芳、雙溪、金山、萬里及花蓮等地拍攝。當然令我更有鄉土的親切感。

《沉默》故事發生在德川幕府禁教令（Edict of Expulsion, 1614）長崎附近的小村子，一個葡萄牙耶穌會的教士（Father Rodrigues）偷渡到日本傳教，並調查恩師（Father Ferreira）因遭受「穴吊」酷刑而宣誓棄教一事，因為這事在當時歐洲人的眼中，不只是個人的挫折，同時也是西方基督教信仰、思想的恥辱和失敗。

在傳教與尋訪的過程中，Rodrigues和同行神父（Father Garupe）受盡信仰與反叛

（疑惑）、聖潔與背德、強權與卑微、受難與恐懼、堅貞與隱忍、掙扎與超脫兩難的心靈折磨，逼迫他們對基督信仰進行更深層且更現實的思索。最終，Garupe死於折磨，Ferreira和Rodrigues屈服於日本深沉文化、專制政治的衝擊、洗鍊、壓制，在層層身心殘酷嚴刑痛苦下，踐踏耶穌神像，放棄信仰（apostatize and renounce faith），陷入日本文化沼澤的無底深淵，無法自拔，只能投降歸順，改名換姓，變成日本人，娶日本太太，死於日本。

這個電影彰顯的第一個意義是，「The “swamp” of Japan has changed the religion（of Christianity）」（日本的沼澤改變了基督教）。這個日本文明沼澤改變（吞食）西方基督教文明的文明衝突詮釋，當然有其文化帝國主義的偏見，在德川幕府時代有道理，但在明治維新後的日本就沒道理了。

這個文明衝突議題，很有意思，可以寫一篇萬言論文，但不是我寫這篇短文的主題論述。這裡我要簡單扼要點出的是，該電影主題「沉默」讓我反悟到自己矛盾的宗教觀。我一生的心靈質疑是：為什麼上帝面對人類受難時沉默（The silence of God in the face of human suffering）。

回視、環視古今內外、全人類、全世界，不分天南地北、種族宗教或男女老幼，在不停地發生的天災人禍、山崩地裂、殺戮戰場、血腥屠殺中，走投無路、苦難無助、叫天天不應、叫地地不靈時，上帝、佛祖、阿拉、孔子、觀音、關公、媽祖婆等各方神聖都不回應，只聽到一片永無止境的沉默。如是悲慘世界，我怎麼能有宗教信仰，能信神？信佛？信觀音？信阿拉？

就是因為這樣，我不信神，也不信佛；不信上帝，也不信阿拉。但是，我對宇宙萬物、人間萬事，又有太多無知、迷障和迷惑，看到太多的無理、無解事物，不能科學理性驗證宇宙無神，我因而雖不信但也不能確認神不存在。因此，每當被問「你信不信神？」時，很無奈，我的標準答案是「我是agnostic（不可知論者）」。我有矛盾，我不信、也信所有的神；我不信、也信耶穌基督、釋迦牟尼、默罕莫德、媽祖婆、孔夫子、馬克思。

不過，我非常羨慕、敬佩阿輝伯（前總統李登輝）。他是堅信基督教的大智大慧者。還有，幾乎所有主流宗教，都是由大智大慧的先知先覺（visionary）創造、傳播、延續下去的。他們的願景都是要建構自由平等、和諧快樂、天下為公的大同世界。

我的問題是，他們教義的行善理想出發點，雖都是真誠美好的，但因為人性的嚴重缺憾，人性有善也有惡的惡性發作時，行惡、甚至行大惡的情事，此起彼伏，層出不窮，如活火山，隨時隨地爆發，如火燎原，燒遍人間天下。

我看到、讀到太多古今內外、慘不忍睹、慘無人道的宗教戰爭、宗教迫害，人類歷史裡以宗教之名發動的戰爭和殘殺，殺死的人數，豈只數億萬。

即使在人間世俗宗教活動層面，以台灣的佛教為例，兩大廟、佛光寺和中禪寺的開山宗師、星雲法師和唯覺禪師，都是德高望重、修德成道、大慈大悲的高僧，但是他們被大中華國族主義的迷障誘惑，不僅容忍還認同無神論、屠殺千萬中國人的共黨專制統治的北京政權，反對擁有自由民主人權的台灣人建立主權獨立的台灣國。如是佛教信仰，我不能接受；雖無力、無能，還是要反駁、反對。情何以堪！

最近，布里斯本同鄉好友和反對中共暴政的中國朋友，組織一個理想主義的新社團，名為「大同社」，請我支持。顧名思義，他們用心良苦，要發揚光大孔子《禮運大同篇》的儒教理念：天下為公，世界大同。

我答應支持，但澆冷水。「天下為公，世界大同」，幾乎是所有宗教、烏托邦、包括馬克思主義，要達到的終極解決人類痛苦（final solution of human suffering）的理想世界。

如上所述，如是世界，我不僅認為因為人性的基本缺憾無法實現，還認為必然走火入魔，被獨裁者扭曲利用，變成專制政權的統治工具。馬克思在史達林的蘇聯、毛澤東的中國，變成如此。孔夫子的儒教在中國，秦始皇之後兩千多年的大一統中國，歷代皇帝、包括國民黨的蔣介石和共產黨的習近平，都要儒教治國，都以「天下為公，世界大同」之名行專制獨裁之實。

很少好皇帝殺人不多，很多壞皇帝殺人如麻。所以，我雖然希望「天下為公，世界大同」，但認為那是不可能的烏托邦。

我不信神，因為我一生心靈掙扎，聽到的是，「The silence of God in the face of human suffering」。我是心智殘缺的凡夫俗子，只相信平凡世俗的自由民主人權。

二〇一七年二月二十四日

中國打台灣就是台灣獨立

中國國台辦主任張志軍，日前恐嚇、警告台灣：「台獨之路走到盡頭就是統一。」意思是走向台獨必招致中國武力侵犯，結果台灣必敗，被武力統一。

統一和台獨的辯證關係

話說得鴨霸、狂妄。台灣有人反駁：「統一的盡頭就是台獨。」也就是說，中國武力打台灣，開打的一天，就是台灣向全世界宣布獨立的一天，要求各國、尤其是美國、日本、澳洲、歐盟等民主國家承認台灣獨立、協防台灣。美國有《台灣關係法》，很難不跟中國一戰。美國動兵，台灣獨立水到渠成。

還有，台灣與中國之戰，不再是中國內戰，而是國與國之戰。台灣也應立即正名「台灣」，以台灣之名申請入聯（UN）。中國是交戰國，台灣入聯可能性大增。

這個說法，我多年前就曾提過。那是武鬥。我還說過文鬥：如果中國趕盡殺絕，用錢把台灣二十多個迷你邦交國全部買去，和台灣斷交、與北京建交，那也就是台灣向全世界宣布台灣獨立、要各國承認、並和台灣建交的時候。

這兩個說法有兩大戰略前提：一是，台灣的民主價值、東亞戰略地位重要，與美國、日本等國的民主戰略聯盟堅強，武力協防台灣符合他們的國家利益（普世價值、人民意願、國家安全等）；二是，台灣自己有一定國力、軍力和決心，並且願意、能夠和中國一戰，雖不贏也要有一定防衛、阻嚇、甚至反擊的武力，讓美國等盟邦有反應、決策的時間、空間，決定是否支援台灣和中國開戰。

中國剛開完人大和政協兩會，除了張志軍的「台獨之路走到盡頭就是統一」恐嚇外，中共軍頭也火上加油，說解放軍準備好了，必須「丟掉幻想，準備打仗」。磨刀霍霍，好像真的要開打了。

反看台灣，好像天下太平，西線無戰事。中國的文攻武嚇已變成「狼來了」的無聊呼叫，「誰理你！」

彭教授苦口婆心的話

總統府前資政彭明敏教授，日前出新書《寫給台灣的備忘錄》，在發表會上預言，認為「台獨之路走到盡頭就是統一」是「不可能的」。他說：這些當然不是無法確實預料的，但「中國人自殺式攻台灣，事實上，拿下台灣之後要怎樣統治？這也是要考慮的。台灣是它能統治的嗎？光是說動武能怎樣？」中國打台灣，中共自己的政權可能會倒，「和美國的關係怎麼辦」？他認為中國若打台灣，是「自殺式」的做法；中國說要攻打台灣，則是一種軍事宣傳，「中國人是宣傳天才」。

同時彭教授也提醒，「台灣人必須要表達決心才對」。他強調：「政府要敢要求國民犧牲，不能只講好聽的話，講好聽的話沒用。」好的政府可以要求國民犧牲，「敢要求國民為台灣犧牲，這種政府才是愛台灣的政府」。

他說，（中國說要武力攻台）也要考慮台灣人的決心，如果政府一直向中國讓步，做一些沒必要的讓步，中國會影響台灣人的心情。台灣人要很強力地決心維持民主自由人權的生活方式，台灣人要很有決心表現給全世界的人知道。他呼籲：「我們要警戒，國防也要充實，但也要有決心保護台灣這個領土，這是相對的問題。」

我非常同意彭教授的看法。不過，專制中國在習皇帝的獨裁領導下，雖不像北韓瘋子（enfant terrible）金正恩的狂妄自大、無理取鬧、窮兵黷武，但也不能寄予太大理性期待。我認為，理性決策的話，習皇帝不該動武打台灣。但是，他是專制帝國的土皇帝，雖不像金正恩，卻也像希特勒。還有，兩千年「中央帝國」專制中國的歷史文化、政經社會、國際關係的變數，錯綜複雜，很難理性分析、評估、控制，又沒有民主的權力制衡機制，決策錯誤，擦槍走火，喊「狼來了」喊久了，真的狼來了的萬一可能，誰也不敢說不存在。

整軍經武、準備打戰

所以，我認為台灣人要認知、警惕：中國隨時會武力侵吞台灣。台灣人不僅要有為台灣犧牲的決心，還要劍及履及，整軍經武，建構強大的國防力量，隨時準備迎戰解放軍的來襲。

馬英九的八年名為「不統、不獨、不武」，實為「一中」統一、棄械投降的國家政策，已把台灣搞成沒有武力、決心防衛自己的「中國地區」，一個有名無實、無力的國度。

台灣要像以色列全國皆兵，每天都整軍經武，準備打戰。我甚至曾表示，要像以色列核武化。好友蕭新煌教授對我此說不以為然。起碼，我認為，除了要買先進戰機、飛彈、自造戰艦、潛艇外，還要像瑞典恢復徵兵制。

瑞典面臨兵源短缺、俄羅斯武力崛起的威脅、歐洲安全惡化之際，本月初，瑞典政府決定恢復徵兵制，徵召四千名年滿十八歲的公民，不分男女。瑞典在二〇一〇年取消針對男性的徵兵制，因為當時的志願役已經足夠應付軍事需求。但這次國防部長

Peter Hultqvist表示：「如果我們想擁有全面及訓練有素的軍隊，就必須以義務役補足志願役的短缺。」

連中立國的瑞士，不僅屬於ＮＡＴＯ的戰略聯盟，還軍備完善，軍隊由義務和志願役混合組成，有相當的戰力，令人不敢輕視。二戰時，連希特勒都怕。

為台灣犧牲的決心

台灣的處境比以色列、瑞典、瑞士都要嚴峻，不只要像瑞典和瑞士，更要像以色列，全民全國皆兵，全面徵兵制，「擁有全面及訓練有素的軍隊」，「有為台灣犧牲的決心」，台灣獨立生存才有希望。那是台灣的命運，沒有其他選擇餘地。

後註：數字會說話。日前（二〇一七年三月四日）中國人大通過二〇一八國防預算，增幅百分之七，全部預算約一千四百五十億美元。昨天（二〇一七年三月十六日），川普發布美國二〇一八預算，國防經費增加百分之十，高達六千三百九十億美元，可謂驚人。過去十年，中國每年國防預算平均增加約百分之十，反看台灣，只約百分之二。蔡英文上台後，今年台灣國防預算增加幅度和馬英九的八年一樣，不到百分之二，全部預算約一百一十億美元，不到中國的十三分之一。大家心知肚明，美國軍力大增，司馬昭之心不在北韓，在中國。

二〇一七年三月十七日

華府看錯天下、台北也看錯天下

日前（二〇一七年四月二十三日），傅建中的《中時》專欄，〈華府看天下——蔡英文的徬徨與抉擇〉，傳出的信息，對很多人可能是茶壺裡的風波，對我來說，卻是令人錯愕的一葉知秋，一葉看到了小英總統中國政策的致命盲點。

傅建中打臉、唱衰小英

傅建中說：過去數月來蔡英文一直試圖運用楊力宇在兩岸關係上開闢新局，楊是訪問鄧小平探討兩岸關係的第一人，中共的「鄧六點」對台政策就是在這次訪問中釋放出來的。中共放棄了武力解放台灣，改以「和平統一」代之。除此之外，在海內外學人中，楊力宇一向對蔡英文別具好感，如說她溫和理性，早在陳水扁當政時就推動小三通等，蔡也對楊投桃報李，多次接受楊的訪問，並一度有意吸收楊加入民進黨，但被楊婉拒。

先說題外話，「鄧六點」是鄧小平為了「白貓、黑貓」拼經濟，對台灣發動「和平統一」攻勢，並沒有放棄武力解放台灣的基本國策。

再談本文正題，「蔡英文一直試圖運用楊力宇在兩岸關係上開闢新局」。之前，美國西東大學（Seton Hall University）退休政治學教授楊力宇，曾和小英總統有接觸，寫文章解說、支持小英的中國政策，發表在《中時》，如〈我所期盼的蔡英文〉（二○一六年三月三十一日），〈預見蔡總統修正兩岸政策〉（二○一七年四月三日），〈蔡英文釋善意　北京應鼓勵〉（二○一七年四月八日）。文章標題，清楚寫出了楊教授的善心用意。

本來是「一中」統派的楊教授，在淺藍和淺綠之間遊走。本來是馬英九的好友，現在變成小英的支持者，很怪異但也用心良苦。他抓住小英一年來對中國的低調、忍讓、希望改善台中關係的苦心孤詣，發揮他過去曾有的一定關係和影響力，想把兩邊拉回到馬英九的「九二共識」、「一中（各表）原則」的現狀，用心明確、良苦，但不僅必然失敗，還治絲益棼，甚至幫倒忙，把台灣和中國的「國與國」、「一邊一國」的應然正當關係繼續混淆不清、是非不明、摸糊化，讓台灣陷入「一中」泥沼，死無葬身之地。

楊力宇的苦心孤詣

二〇一六大選後，楊教授表示，過去曾和小英談話，認為「蔡英文並未否定九二共識，她否認民進黨採行鎖國政策」。但他說，「現今的蔡英文卻否定九二共識，也未揚棄台獨主張，導致大陸的強烈反應。」他認為，「馬英九否定法理台獨，因台灣現已是一個獨立自主的國家，毋須追求獨立建國，維持現狀最符合台灣的國家利益。」因此，他希望「蔡英文重返她過去推動小三通及春節包機直航時的認知，採行理性務實的兩岸政策，維護台海和平現狀、台灣的邦交國與兩岸經貿的和平紅利及台灣的安全與主權。這是我對蔡英文的誠摯期盼。」

一年後，楊教授書面訪問小英，問了十二項問題，小英用十二頁長文回答他。他說，她雖仍未接受「九二共識」，但卻做出了明確的說明：「從五二〇就職以來，我們已展現最大的彈性和善意，來維持兩岸間的對話與溝通機制。我也多次重申，我們尊重一九九二年兩岸兩會會談的歷史事實，也主張兩岸應該共同珍惜與維護過去二十多年來雙方交流、協商所累積形成的現狀與成果，並在既有政治基礎上，持續推動兩岸關係和平穩定發展。新政府會依據《中華民國憲法》、《兩岸人民關係條例》及其他相關法律，處理兩岸事務。」

他又提，外交部長李大維在外交國防委員會表示「兩岸關係不是外交關係」；陸委會主委張小月隨後受訪也呼應「兩岸關係就是兩岸關係」。他說，李、張二位過去曾是國民黨政府高層官員，言行謹慎。蔡政府可能有意修正其兩岸政策，嚴格區分外交關係與兩岸關係。為了台灣的未來政經發展，蔡總統可能有意修正其兩岸政策。

五天後，楊教授再發表專論，說，最近蔡政府採取了一系列的行動，向大陸釋出頗多重大善意。他說，小英表示「尊重」一九九二年兩岸兩會會談的歷史事實，實是暗示承認「九二共識」。除了重覆、加強上述論點外，他還舉一些小事，如「蔡英文總統並未會見最近來訪的日本總務省副大臣赤間二郎，實是對大陸的善意表達」，以及小英處理釣魚台與太平島等問題的審慎態度，蔡政府的言行值得肯定，北京應滿意。他的結論是，「雖然在台獨基本教義派的強大壓力下，蔡英文總統仍然決定採取理性務實的兩岸政策，向大陸釋出頗多善意，有意打破兩岸僵局，我希望北京作出積極的回應，鼓勵蔡政府往此一新方向邁進。」

荒腔走板、徒勞無功

我直引楊教授幾段論述，充分彰顯了他和小英試圖突破中國杯葛、壓抑台灣的鴨霸政策，用心良苦卻荒腔走板，必然徒勞無功。

先引傅建中的話。他說「老實說，楊力宇看了蔡英文的答覆後，是頗為失望的，因為其內容幾乎都是舊調重彈，沒有新意。」他還露骨地指出，楊力宇說「這顯示蔡英文已到了山窮水盡疑無路的地步，必須另闢柳暗花明的蹊徑，因此這是新發展的契機。我沒有像楊力宇幾近一廂情願的樂觀，因為以蔡上台後去蔣、去中、對國民黨趕盡殺絕的一連串做法，不可能期待她在一夕之間放下屠刀、立地成佛的，但我不排除這可能是她放出的氣球，試探對岸的反應，可是大陸迄今沒有任何回應，仍是按兵不動，等待蔡完成未完的考卷，恐怕解鈴還要繫鈴人吧。」

傅建中的結論是，「過去一年，蔡英文可說是徬徨度日，除了川普接了她的電話，讓她興奮一陣外，豈止乏善可陳，簡直是危機重重，不過西方人喜說中文的危機含有『危險』和『機會』兩個成分，不同於英文的crisis，蔡就職周年紀念將屆，這應是她對兩岸關係做出抉擇的良機，如果她能以壯士斷腕的決心，當機立斷，說不定連今年台灣出席世界衛生大會都會出現轉機。千秋功罪，完全繫於她的一念之間。」

互不來往、和平相處有何不可

傅建中看衰、打臉楊力宇和小英，看得、打得一針見血。他說小英回答楊力宇的十二問「舊調重彈，沒有新意」，沒錯。但是他在華府看天下也看得很離譜。說小英一年來日子過得「山窮水盡」、「徬徨度日」、「乏善可陳」、「危機重重」，是他統派意識型態作祟，不認同台灣主權獨立的心術不正、心態可疑的盲目偏見，毫無事實根據的黑白講。小英一年來收拾馬英九的八年留下來的爛攤子，經濟、司法、國安國防、轉型正義、南向政策等重大國政議程，已夠她忙得焦頭爛額、團團轉了，哪來「徬徨度日」的閒情逸致？清理十八趴的年金和腐敗國民黨的黨產問題，就夠台灣人民喊讚了，哪來「乏善可陳」？還有，習近平處理中國嚴峻的經濟問題、政權腐敗、權力鬥爭、南海危機，也夠他忙得焦頭爛額、團團轉了，一年來無力處理台灣問題，不理不睬、不接受「九二共識」的小英，小英哪有「危機重重」？

都是「狼來了」的胡說八道。楊力宇和傅建中都是馬英九的死忠支持者，他們要小英作的是接受馬英九的「九二共識」、「一中（各表）原則」的現狀。那是百分之八十的台灣人民不再能接受的統派立場。小英能接受嗎？當然不能。那小英請楊力宇出來寫一篇又一篇妥協、討好專制中國的虛擬文章，說了一堆廢話，所為何來？何苦來哉？這不是請鬼拿藥單、自討沒趣、自取其辱，是什麼？

環視今日世界局勢，民主台灣和專制中國，有基本價值的矛盾、衝突，是敵國，經濟上有互利就互相來往，政治上沒有共同語言就互不來往，像過去半個多世紀，兩岸和平相處，哪來「危機重重」？何需「徬徨度日」？當然，如果中國硬要武力犯台，那「All bets are off」（算了吧），大家就來硬的了。那是老毛的口頭禪「天要下雨、娘要嫁人」、無法度的人間事。如果台灣無力防衛自己，美國不根據《台灣關係法》派兵協訪台灣，日本、澳洲、歐盟等民主國家也袖手旁觀，不理台灣死活，那台灣死路一條，去死吧！

不要歹戲拖棚

二十多年前，鄧小平發動「一國兩制」的和平統一攻勢，楊力宇只傳了話，沒扮演任何重要角色。二十年後，楊教授傳話的功能都沒有了，更沒有影響習近平的能力，小英還在利用他玩這種無聊、無路用的語言把戲，令人錯愕。如是歹戲拖棚，可以休矣。

總之，小英沒有「未完的考卷」，不要沒事找事，赴考習皇帝無理取鬧、欺壓台灣的中國考場。她手中沒有屠刀，不需要立地成佛。

二〇一七年四月二十六日

補記：二〇一九年八月十七日，楊力宇在美國逝世，享年八十六歲。

台灣
——I Am A Rock, I Am An Island

我同意彭明敏教授的〈尊嚴與「光榮的孤立」〉（《自由時報》，二〇一七年十月四日）的看法：

人為求利與惠，改姓換名，順從他人，不是很體面的事。台灣多年來，在中國壓力下，一直在做的正是這樣。中華民國不能加入「國際貿易組織」（WTO），則（被）改稱「台澎金馬個別關稅領域」而入；不能參加國際性運動會，則（被）改稱「中華台北」參加。

教授不以為然，認為：

我們要走的路，只有兩種：一、為了利惠，隱姓埋名，忍辱任人擺佈。二、為了國家國民的尊嚴，勇敢悲壯地接受「光榮的孤立」，為此付出痛苦代價。

主張正名「台灣」者，應說服多數國人清楚了解國民的尊嚴無比重要，一旦失去尊嚴，該國必會式微。

四十多年前，我在美國念研究所，最喜歡聽的民歌是Simon & Garfunkel的“I Am A Rock”（我是一塊岩石）。每次聽，都深深感動，並想到台灣，「我孤獨，我是一塊岩石，我是一個孤島」（I am alone. I am a rock. I am an island）。

歌云：

I've built walls 我建高牆
A fortress, steep and mighty 城堡，險峻和壯大
That none may penetrate 沒人可穿破
I have no need of friendship 我不需要友情
Friendship causes pain 友情帶來痛苦

又說：

I have my books 我有書
And my poetry to protect me 和詩保護我
I am shielded in my armor 鐵甲防衛我
I touch no one and no one touches me 我不傷害人，沒人傷害我

最後說：

And a rock feels no pain 岩石不感覺痛
And an island never cries 孤島絕不哭泣

寶島台灣是聳立西太平洋的巨石、巨島，應該自強、自尊、自傲，要堅持尊嚴的孤獨，不要屈辱的國際參與。小英總統為了不觸怒中國和美國，不敢公投正名「台灣」，在國際上也不敢用「中華民國」，忍辱負重，自稱「中華台北」（Chinese Taipei），自取其辱，違背「中華民國」憲法，傷害台灣人民和國家的尊嚴。在特赦阿扁上，她堅持「合法合憲」，死不退讓，不「政治問題政治解決」，令人不解。

昨天（二〇一七年十月十日），名存（其實已不存）實亡的「中華民國」慶祝一百零六歲生日，前夜參加了國慶晚會，一夜難眠。

二〇一七年十月十一日

重演歷史悲劇
——習皇帝的中國夢

人是人，有血有肉的物體，看得到、摸得到。神是神，無血無肉的精神、意念、信仰，看不到、摸不到。人要變神，令人膜拜，很難。人要成神，不成，常成鬼。人類歷史上，成神的偉人不多，成鬼的魔王很多。

美國前國務卿季辛吉（Henry Kissinger）說過：權力是最好的春藥（aphrodisiac）。歷史上，很多梟雄人物、魅力領袖，打天下、創霸業，喝多了權力春藥，會想長生不老、不死（immortality），留名青史，甚至成神（deification），讓未來世世代代膜拜。

法老的金字塔

三千多年前，埃及王、法老（pharaoh），興建了輝煌的帝國、古老文化。法老們，以神自居，神權統治，留下金字塔和地下皇宮，但是兩千多年來，埃及文明停留在封建時代，沒進步，人民長期生活在貧困中，只能望金字塔興嘆。

兩千多年前秦始皇統一中國，嚴刑峻法、焚書坑儒，既建長城，也建地下皇宮以及佈滿兵馬俑的秦陵，又求神藥，要長生不老。結果他的帝國只存活十四年，歷史定位他是暴君。他的大一統中央帝國（Middle Kingdom）的迷失（myth），雖有朝代更換，卻專制封建兩千年，至今陰魂不散。

蒙古大汗忽必烈，建立大元王朝，東征西討歐亞大陸，要統治世界。一二七六年，滅宋，宋恭帝在降表中，為忽必烈上尊號「大元仁明神武皇帝」。一二八四年，群臣為忽必烈上尊號「憲天述道仁文義武大光孝皇帝」。又文、又武、又神、又皇，他的大元王朝，也僅存在九十七年。

希特勒自稱「Fuhrer」（Leader），寫了一本政治宣言（Mein Kampf），成為他的泛德意志民族主義的意識型態，自稱天縱英明，民族救星，獨裁統治德國，發動二戰征服歐洲，要稱霸世界，殺了六百萬猶太人，造成數千萬的孤魂野鬼。他的納粹帝國十一年就崩滅。他自殺於柏林地洞，成為人類歷史罪人。

列寧引用馬克思，發展了他的無產階級革命、共產黨一黨專政的列寧主義。他專制建構布爾什維克政權，鐵血統治蘇聯，濫殺無辜。到史達林手中，更是變本加厲，暴虐鎮壓異己。一九八九年柏林圍牆倒塌，東歐共產主義崩滅，蘇聯解體。之後，雖有短暫的自由化、民主化，但功敗垂成，普丁專制復辟，走回頭路，俄羅斯的民主前途仍然多舛、難料。

俄羅斯第二大城、聖彼得斯堡（St Petersburg），是沙皇彼得大帝（Peter the Great）一七〇三年興建的古城。一九二四年，列寧死後五天，史達林把聖彼得斯堡改為列寧格勒（Leningrad），蘇聯崩潰後，一九九一年，推動民主化的葉爾辛（Boris Yeltsin）把它正名聖彼得斯堡。

沒人念經毛語錄

比武功蓋世，毛澤東比不上忽必烈，但是他的專制獨裁、殺人如麻，不少於、甚至超過希特勒和史達林。鄧小平、江澤民、胡錦濤、習近平不敢批毛、反毛、非毛化，但是他們的「中國特色的社會主義」已實質反毛、非毛化。今日中國已沒人手拿毛主席語錄，念經，歌頌毛澤東思想。躺在天安門的毛屍，有朝一日，會被鞭屍，可以期待。

孫中山和蔣介石的國民黨、三民主義、中華民國，在民主台灣，快成歷史陳跡，被掃入歷史灰燼。轉型正義的步伐，正大步邁進，勢不可擋。台北市中心的中正紀念堂，必被改頭換面，全國各地孫中山和蔣介石的銅像，必被移除，中山、中正之名的地名、街名、學校、建物、機構必被正名，一樣可以期待。

今年十月，中國共產黨召開十九大，習近平花了三個多小時論述他的〈習近平新時代中國特色社會主義思想〉，並東施效顰，比美毛澤東和鄧小平，把「習思想」寫入大會決定的中共新黨章，可笑、難看。中共十九大期間，和老毛時代一樣，全中國歌功頌德，稱呼習近平為「偉大領袖」、「偉大統帥」、「英明的舵手」。十九大於十月二十四日結束，二十五日中國人民大學就搶先宣佈成立「習近平新時代中國特色社會主義思想研究中心」。之後，北京大學、清華大學、社會科學院、國防大學等學術殿堂，陸續成立習思想研究中心或研究院。

在廿一世紀重視教育、科技發達、民智大開、經濟起飛、追求全球化、人民生活大肆改進、直追美國的中國，習近平竟要當習皇帝，學秦始皇、忽必烈（一帶一路）、希特勒、毛澤東，搞個人崇拜（personality cult）、個人獨裁、思想控制、世界霸權，實在令人匪夷所思，感覺時空錯亂，恐慌、失望。

惡夢連連

歷史殷鑑，習近平的皇帝夢（中國夢），不僅難圓，會破滅，還會惡夢連連。不僅不能帶領億萬中國人民，步向幸福樂土，還會帶領他們走入苦難深淵。我不信基督教，但信人的「原罪論」，相信人類一再犯錯，犯同樣的錯，歷史一再重演，演同樣的悲劇。我認為，習皇帝正在重演歷史悲劇。

人有原罪，會做壞事，人也有原善，會做好事。解決兩者的致命衝突，英國的光榮革命（一六八八至一六八九年）、美國獨立革命（一七七六年）、法國大革命（一七八九至一七九九年），發展了「自由人權」為價值系統的民主法治政治制度，雖不完美，但至今仍是處理人間事物的最好制度。三大革命雖有英雄豪傑，但無天縱英明，除了美國獨立革命的華盛頓外，很少被稱頌為「歷史偉人」、「民族救星」、「偉大領袖」。大多被視為平民百姓，早被遺忘。雖留名史冊，很少被如神膜拜。

民主美夢可以成真

但是，他們留下的自由民主人權價值和制度，屹立不倒四百年，還成人類文明發展主流趨勢。雖良莠不齊，世界約兩百個國家，也已約有一百二十個實施民主制度。因人的原罪，要「歷史終結」（Francis Fukuyama），難講，但民主制繼續發展四百、四千年，可以期待。

二〇一七年十二月二十八日

錢買不到的價值抉擇
——澳日軍事聯盟的歷史意義

鄧小平文革中差一點被毛澤東鬥死，一九七九年復出後，說了「不管黑貓白貓，會抓老鼠就是好貓」的經濟掛帥論，把老毛的無產階級革命丟入歷史灰燼，大走國家資本主義的發財路，三十多年後讓中國成為世界第二大GDP強國。一九八九年東歐共產主義崩潰、中國爆發天安門大屠殺，老鄧說二戰後的「舊」冷戰結束了、「新」的東西冷戰即將開始。

其實他說得對，卻也不完全對。中國的GDP是世界第二大，習近平的「一帶一路」中國夢，正在世界各地大撒錢買人情關係、權勢影響力。但國富民窮，仍有近三分之一的中國人生活在貧窮線（年均收入美金四百元）下。習皇帝在北京對「低端人口」的殘酷待遇，只是一葉知秋。中國貧富差距越來越大，富的越富，窮的越窮，全國各地的「低端人口」問題，不像北京，外人看不到，更嚴重，「星星之火可以燎原」。

老鼠和冷戰

「黑貓白貓抓老鼠」是空洞的口號，在現實的人類生活裡，不僅不能解決長遠經濟持續發展的財富生產、累積問題，更不能解決人類、人性必然追求「自由平等博愛」普世價值的心靈、精神訴求。

老鄧說的「新」冷戰，其實不「新」，本質上和「舊」冷戰一脈相承，資本主義與共產主義之爭，只是意識型態之表，自由民主與專制獨裁之鬥，才是現實政治（realpolitik）之實。

不過，主角換了人，西方民主陣容仍由美國為主、歐盟、日本、澳洲等為副，東方專制陣容主角則由前蘇聯變成中國，副角由中國變成俄羅斯，換湯不換藥。

一九九一年，哈佛大學教授杭亭頓發表大作《第三波：二十世紀後期民主化浪潮》（*The Third Wave: Democratization in the Late Twentieth Century*），看好世界民主化趨勢。一九九六年，他發表《文明的衝突與世界秩序的重建》（*The Clash of Civilizations and the Remaking of World Order*），看壞該民主化趨勢。有人說兩論有矛盾、衝突，我認為沒有。兩者是並存發展，有其互為因果、也有其互為裡表關係。

專制變民主

二十多年來，很多人都有意無意忘記、忽視杭教授的兩大論述。我倒一直記住、思考它們。二〇一八新年啟始，我發覺實踐驗證，他的論述更為正確和關切（correct and relevant）。「民以食為天」、「有奶吃就是娘」等經濟決定論的說詞，當然有其道理；但價值文明（文化）決定論，更是決定人的生命意義的終極抉擇因素。

歐洲英、法、德、意等國之間的經濟、宗教、文化、地緣政治權勢之爭、之戰，歷經數千年，以悲慘的兩次大戰結束，最終走上自由民主人權的價值大道，而與其他二十三個歐洲國家結成經濟、民主聯盟，並與美國組成北約戰略同盟，對抗普丁專制統治的俄羅斯。

東亞、南亞印太地區，二戰中帝國日本侵略中國、東南亞，甚至轟炸澳洲北領，造成傷害。戰後，像德國，日本民主化成功，融入美國領導的民主陣營，抗拒史達林的蘇聯和毛澤東的中國共產帝國，如今繼續抗拒普丁的專制俄羅斯和習近平的專制中國的權勢擴張。

貿易夥伴與價值敵人

中國是澳洲、日本、美國、印度、南韓、台灣等很多印太地區民主國家的最大貿易夥伴，經濟關係密切；但是，面對中國「一帶一路」無孔不入、明目張膽的錢勢、權勢攻勢，都看得錯愕、驚惶，無法接受，群起反抗，迅速連接、建構戰略聯盟。

針對專制中國的印太民主戰略聯盟，以美國、日本、澳洲、印度為主力，正迅速形成。以澳洲為例，兩年前美國總統歐巴馬訪澳，才開放澳洲軍區讓美國陸戰隊、軍艦、軍機進駐，明顯針對中國在南海的軍事擴張。

近日（二〇一八年一月十八日），澳洲總理藤博爾（Malcolm Turnbull）將訪問日本，與日本首相安倍會談，商討雙方前所未有、歷史性的軍事合作。藤博爾將訪問東京的日軍基地，並和安倍商談二戰後第一次的軍事交流，包括日軍赴澳洲接受訓練、日本戰艦、戰機訪問澳洲。

戰前的日本軍國主義，是澳洲人談虎色變的歷史記憶，因為在澳洲的百年歷史裡，日本是唯一軍事侵門踏戶到澳洲大門口的敵國。長期以來澳洲人看日本，總是無法忘記日本潛艦進入雪梨港口、日本軍機轟炸達爾文的軍國主義陰影。

澳洲的第一、第二、第三大貿易夥伴，分別是中國、日本、美國。澳中貿易超過澳日與澳美貿易的總和，約澳日貿易的兩倍。澳洲與日本、美國建構戰略民主聯盟，對抗專制中國的武力威脅，其價值文明衝突的明確意義重大，無庸置疑。

台灣的命運抉擇

他山之石，當然應該借鏡。在此風起雲湧的國際權勢政治氛圍中，面對更嚴峻的專制中國的武力併吞威脅，民主台灣應整軍經武、納入上述印太民主戰略聯盟，別無選擇餘地，道理一樣明確，無庸置疑。

二〇一八年一月十八日

政府民調低落和民心所在

小英民調長期低迷，可以預測今年九合一及二〇二〇年總統和立委大選，她不可能像四年前大勝。是否大敗，失去總統大位、縣市長和立委多數？有可能。即使小輸，僅失去立委「絕對多數」，小英要繼續推動改革，尤其是憲政體制改造，一定更難。如大敗，小英落選，她的歷史定位必然黯然無光，非常難看。

如是嚴厲推論，小英要大開大闔，繼承李登輝和阿扁，創建民主獨立台灣，期間只有未來二年。

過去二年，她努力推動改革，在台灣主權現狀維持、與美日等國的民主戰略聯盟、經濟發展、年金改革、處理不當黨產等轉型正義工作上，表現還算亮麗。但是，大多數台灣人民無感，她的民調直直落。為什麼？

我不認為年金改革、處理不當黨產等轉型正義工作，是引發如是民怨、民調直落的主因。不滿這些轉型正義工作的，大都是軍公教和國民黨的死忠。在台灣統獨藍綠兩極分裂的政治生態下，他們二〇一四年和二〇一六年是國民黨的藍色鐵票部隊，二〇一八年和二〇二〇年還是國民黨的藍色鐵票部隊，過去、現在、未來民調、選票一樣都不會投給小英和民進黨。相反地，台灣非軍公教的普羅大眾，尤其是農工商平民老百姓，對那些公平正義的改革政策，尤其是十八趴的廢除，都應該拍手稱快，支持小英才對。為什麼沒有？問題耐人尋味。

小英民調直直落，當然原因、面向很多，但我認為主因之一是，二〇一四年和二〇一六年投票給小英的深綠、淺綠選民，對小英執政大失所望，產生的賭爛心態投射效應。很多綠色選民對小英的改革無感、失望，認為她只想維持死路一條的「中華民國」現狀，沒有實現台灣價值、民主憲政改革、國家正常化的魄力和作為，因而越來越對她失望，無心、無意再支持小英。果如是，二〇一八年、二〇二〇年大選，有的含淚投票，有的不去投票，小英和民進黨可能敗選，絕對是可能的不幸結果。

無疑地，此綠色心態失落明顯，反映在民調數據。小英如還有心，能聽到台灣人的心聲，就應該在未來二年（不是期待六年，那已失時）的短暫時間內，做出讓台灣人感動的台灣價值政績。目前看來，此政績應包括已聲勢成熟的喜樂島聯盟推動的鳥籠公投法修正，讓該法合乎主權在民的民主憲政規範，人民可以公投正名制憲，還有紀政推動的以台灣之名參加二〇二〇年東京奧運的正名運動，以及已歹戲拖棚的轉型正義的阿扁特赦和中正廟拆除改建。

這些都不需要憲改程序，只要小英下令或立院立法、修法就可達成。輕而易舉，一舉可以提升她的民調、勝選機率，二〇一八年和二〇二〇年不會大敗。

小英今天不做，明天一定後悔。至於較困難的憲政程序複雜的公投正名、制憲入聯等國家正常化議程，可以等二〇二〇年連任後再大力推動。如是，台灣人民，尤其是綠營選民，很有台灣心、台灣情，應該會耐心認同、支持、等待。

二〇一八年七月二十七日

有用嗎?用錢買邦交

本月初（二〇一八年九月四日），太平洋島國論壇（Pacific Islands Forum）在諾魯（Nauru）召開。中國代表團特使杜起文，在其他國家領導人發言時搶先要發言，主席諾魯總統瓦卡（Baron Waqa）依大會規定制止，中國官員惱羞成怒，大聲怒吼並繞會議桌一圈後集體離席。鬧劇一場，但也讓人傻眼，見識了中國在南太平洋展現帝國國威的醜態百出。

迷你小國的瓦卡總統不買帳，痛批杜起文「目中無人」、「無禮」，「他甚至連部長都不是，還要求發言，還想在吐瓦魯總理之前發言，太誇張了吧？」他要求中國正式道歉，揚言會在聯合國提出抗議。

數天後（二〇一八年九月八日），在地球的另一端，由於中南美洲國家接連與台灣斷交，引發美國關切，美國務院召回駐多明尼加和薩爾瓦多大使及巴拿馬代辦，說要了解三國與台灣斷交的決定。美國對於自家後院頻遭中國挖牆腳相當關切，大動作召回駐外使節。這是蔡英文上台後，美國首次為台灣召回駐外大使。

中國連續出手奪走台灣邦交國，美國召回三國使節表達關切，美參議員魯比歐（Marco Rubio）指出，中國數億美元的賄賂與獻金扮演重要角色，美國召回使節只是反制的一個開端。後續還有好戲可看。

權勢滲透，戰略驚動

上述兩事有關台灣和中國，都是中國花錢買外交、壓迫台灣國際生存空間的鬧劇（farce）。雖歹戲拖棚，可笑、可氣，但也值得嚴肅重視、深思。

先談前案。南太島國一向被視為澳洲的後院，二戰後澳洲一直是這個區域的最大經援國。近年來中國大肆撒錢權勢滲透南太諸國。錢很大，經援直追澳洲。根據澳洲的國際關係研究所Lowy Institute的評估，二〇〇六至二〇一六年中國經援八個南太島國高達十八億美金，相當可觀。中國當然不僅經濟，還權勢滲透很深，戰略驚動澳洲。

年初，澳洲負責國際發展及南太事務的部長Concetta Fierravanti-Wells，嗆聲說中國花大錢在南太國家建一大堆「沒路用」的建築物（useless buildings）和死路（road that doesn't go anywhere）。她還指責，十年、二十年後這些國家根本沒經濟能力還債，到時中國就可以予取予求，要求更實質的國際政治和戰略利息還債，如設立各種軍事設施。

這些話說出了澳洲真正關心、憂慮的問題所在，說得有理但聽在北京政權耳裡，刺耳、難聽。他們反映立即、強烈，臭罵澳洲無理取鬧。

薩爾瓦多等三國拿中國錢、出賣台灣，故事一樣，歹戲拖棚，一再重演。據報導，中國答應薩國的基礎建設（建港）經援高達兩百七十億美金，可謂天價。

用心不良，居心叵測

鄧小平的改革開放讓中國富起來了。習近平（皇帝）富國（雖然民窮）強兵、「一帶一路」、「中國夢」的權勢伸張，從亞洲到非洲、南美洲、南太平洋，到處撒錢買外交、壓制台灣，「銳勢力」動作大，運作模式一樣。雖看起來大有斬獲，但如上述南美、南太案例，卻也踢到鐵板，反對之聲此起彼伏，反彈力道越來越強。連過去幾年非常支持中國「一帶一路」的巴基斯坦、馬來西亞等國，最近也開始懷疑帝國中國的用心不良，居心叵測，不可相信和依賴。

川普的國家貿易委員會主任納瓦羅（Peter Navarro）談到此事時，怒斥中國是全球經濟的寄生蟲，中國為了增長經濟所做的一切，都是以犧牲他國的利益為代價。川普對中國採取的嚴厲關稅反制措施，已讓習皇帝手足無措，無法因應。中國經濟明顯受挫、衰退，有破產跡象。

如是，習皇帝還有多少「銳實力」的人民幣（美金），可以到處撒大錢買外交，實現他的「中國夢」？怎麼看，都不可能，都是鏡花水月，都是夢。

圓不了的「中國夢」

最後最重要的是，有錢可以讓鬼推磨，可能發揮相當的邊際效應，但真的在現實主義的國際權勢政治、戰略關係上，用錢讓鬼推磨，真的有錢就可以走遍天、橫行無阻嗎？沒那麼簡單。

在這人類文明價值之爭的大戰場上，經濟價值重要，自由民主人權普世價值也很重要。在當今世界，自由民主和專制獨裁，各站歷史對錯兩邊，楚漢界線分明，生死之鬥無法避免。習皇帝的中國站在歷史錯誤的一邊，和站在歷史對的一邊的英、美、法、澳洲、日本、台灣等國，必有致命性的文明衝突、大戰。在此大戰中，中國花大錢買小國外交，有用嗎？當然沒有。

二〇一八年九月十二日

台灣和澳洲

——同仇敵愾

澳洲和台灣都是中等國力的民主國家，都靠貿易發展經濟，和專制中國的貿易額很大，依賴度很高，在百分之三十到四十之間，不和中國做生意，兩國經濟都會有困難。

台灣和中國有主權、領土、自由與專制價值之爭。澳洲和中國沒有主權和領土但有民主與獨裁價值之鬥。中國要併吞台灣，台灣視中國為致命敵人。中國權勢擴張、威脅自由世界，澳洲視中國為價值、戰略敵人。

台灣和中國隔著一百多公里的台灣海峽，很近。澳洲和中國隔著西太平洋和南中國海，相隔數千公里，很遠。兩國都和美國有正式或非正式的盟邦關係。美國有根據《台灣關係法》（*Taiwan Relations Act*）和《澳紐美條約》（*ANZUS Treaty*）武力協防兩國的義務。

這兩年來，中國武力崛起，權勢擴張很快、很大、很遠，長驅直入東海和南海，戰艦、戰機圍繞台灣團團轉，耀武揚威，在澳洲和南太迷你島國撒大錢，「銳實力」滲透，買（租）港口，要建軍事基地，戰略假想敵是美國和澳洲，把澳洲嚇得驚惶失措。

敵人都打到門口和後院了，澳洲開始反彈。二戰後，澳洲是南太島國最大經援國，近年來中國急起直追，快要追上。澳洲氣急敗壞，今年準備花一・二億澳幣（約二十七億台幣）在南太各國興建國防設備，比過去增加百分之兩百五十，可謂大增。澳洲還花大錢替索羅門島（Solomon Islands）和巴布亞新幾內亞（Papua New Guinea）興建海底通訊電纜，先下手為強，不讓中國插手、控制這地區的戰略通訊系統。

日前，坎培拉傳出信息，澳洲要花大錢在澳洲北邊鄰近的巴國Manus島建軍港。司馬昭之心大家都知道，目的一是要阻止中國先下手為強買該島建軍港。近年來中國大量經援巴國，正蠢蠢欲動要在M島建港，侵門踏戶威脅澳洲。目的是戰略上澳洲要搶先在M島建軍港，可為美澳盟軍使用，遙控中國在南海的軍事擴張。

對於中國「銳實力」滲透澳洲政界（花錢買政客）、學界（孔子學院為非作歹）、商界（購買資源公司），震驚澳洲各界。最近，澳洲制訂兩個反制「外國（中國）干預」（foreign interference）澳洲自由民主政治程序的法律，也決定不讓中國的信息與通訊科技公司華為投資澳洲的5G寬頻道興建工程。考慮的理由，當然是中國威脅的國家安全問題。

澳洲如是現實主義、文武兼備、步步為營，戰略防禦中國當然理直氣壯，獲得全國各界、朝野人士，同仇敵愾的認同、支持。

面對中國的霸權威脅，情勢更嚴峻、更危險的台灣，全國上下更應同仇敵愾、團結一致、劍及履及，加強軍備全國皆兵，嚴防中國武力侵犯。道理明確，無庸置疑。

二〇一八年九月二十七日

差很大
——小英比阿輝伯和阿扁

小英二〇一六年帶領綠營大勝，贏得總統大位，民進黨和時代力量合起來，綠天綠地，絕對多數掌控行政、立法，全面執政。三年不到，二〇一八年底九合一地方選舉綠營卻崩敗，兵敗如山。理由很多，無疑地在國家認同、主權建構上，小英維持「中華民國」現狀，「台灣」國家主權建構上毫無作為、建樹，一定是大量流失綠色選票的主因之一。如今她宣布參選二〇二〇連任，認為「民意是死的，民心是活的」，她有信心勝選。不過，形勢比人強，假如未來一年短短時間內她仍在國家主權建設上一無所為，繼續失去綠色民心，她想贏得連任，恐怕是天方夜譚，圓不成的台灣夢。

圓不成的台灣夢

這塊台灣價值的土地上，她耕耘不夠，作為比阿輝伯和阿扁差很大，不僅她可能留下敗選的「一任總統」臭名，還可能留下失去台灣主權獨立的歷史罪名。

一月二日，中國土皇帝習近平發表陳腔爛調的〈告台灣同胞書〉四十周年談話，說要探索「兩制」台灣方案，豐富和平統一實踐。強調「和平統一、一國兩制」是實現國家統一的最佳方式。但又說，「我們不承諾放棄使用武力，保留採取一切必要措施的選項。」

蔡英文總統立即回應，強調「我們始終未接受『九二共識』……台灣絕不會接受『一國兩制』，絕大多數台灣民意也堅決反對『一國兩制』，而這也是『台灣共識』」。

她重申在元旦講話中提出的「四個必須」，促中國必須正視台灣存在的事實，必須尊重兩千三百萬人民對自由民主的堅持，而不是以分化、利誘的方式，介入台灣人民的選擇；必須以和平對等的方式來處理雙方之間的歧異，而不是用打壓、威嚇，企圖讓台灣人屈服；必須是政府或政府所授權的公權力機構，坐下來談，任何沒有經過人民授權、監督的政治協商，都不能稱作是「民主協商」。

豪情壯志、壯哉斯言

雖然有彭明敏、高俊明等四老的二〇二〇年退選勸言，小英於二月十一日接受CNN專訪，表達將競選連任。讓世世代代台灣人都擁有自由意志的選擇，是她決心連任的目的。她表示，任何現任的總統都會想為國家做更多的事，也會想進一步實現政策目標，這是很自然不過的事，她當然也希望未來的四年能夠繼續帶領國家，完成使命。

面對目前民調並未起色，她說，民調是死的，人心是活的，過去也不缺被人打壓，她會用強烈意志力克服種種難關。她還說，做為總統，除了保衛國家，也要防止台灣被孤立，把台灣聲音傳達給國際社會，並推向國際，是她做國家領導人必須做的事情，台灣不是要一國兩制，而是要獨立生存，要經濟繁榮與安全民主，做為總統除要保家衛國把台灣推向國際，讓世世代代台灣人民都擁有自由意志的選擇，是她決心連任的目的。

壯哉斯言！都說出了台灣人要建立、守護國家主權的心聲。我相信她說的是真心話。為此，我很感動，會投她一票，而且不會、不必含淚投票。但那些義正嚴詞的豪言壯語，仍然只是空口說白話。如是空話，如無所作為，付之行動、實踐，我無法說服很多深綠朋友投她一票。那就是今日台灣我們獨派信徒、民眾面對的政治現實。

蘇貞昌的一支掃帚

小英的心聲無庸置疑。我這個為台灣獨立主權吶喊了五十年的老台獨（不是台獨大老），聽了很感動。但是心平情靜後理性想想，馬上悲從中來。小英的話很好聽，但都是我們台灣人喊了五十年、一百年的老話。人都喊老了、死了，還是只聽樓梯聲不見人下來的空話、空夢。

這就是四百年來台灣人的悲哀。二二八、美麗島、民進黨闖關建黨、野百合、太陽花不談，二十年前阿輝伯就已大膽提出「兩國論」，十七年前阿扁也提出「一邊一國」。都曾掀起千層浪，觸怒敵人、專制中國，讓朋友、民主美國頭痛、不快。但是都是台灣政治領袖應該說的話，應該做的事。事實也驗證，那些年代台海無戰事，和平不是問題。

深藍統派馬英九的八年總統，是台灣國家主權失落的八年。小英三年綠色執政也是國家主權沉寂的年代。她不推動公投正名，還阻止民間發動的二〇二〇東京奧運正名公投，真令我們綠色支持者情何以堪。很多台派選民因而投不下二〇一八年的綠色選票。

結果，今日台灣竟有蘇貞昌一句「就算只有一支掃帚，我也會跟敵人（中國）周旋到底」的話，就讓投降主義的藍營抓狂，驚慌失措，胡言亂語，把蘇貞昌罵得臭頭。那是讓人看得目瞪口呆的黑色荒謬劇。嚴肅地看，小英的台灣變得如是不堪、荒謬、虛弱，不滅亡才怪。

歷史利劍冷酷無情

如是荒謬、虛弱台灣，如果小英還視若無睹，一廂情願，只想討好「兩岸一家親」、「你儂我儂」、「一國兩制」的藍色選民，不顧綠色選民的不滿、焦慮心情，繼續忘記阿輝伯和阿扁的苦心孤詣，不在台灣國家主權議題上做出可以留下歷史記憶的事跡，不僅二〇二〇年綠色選票會像二〇一八年一樣大量流失，她的總統夢破滅，她的台灣歷史留名更必然一片空白，甚至惡名昭彰。

歷史的利劍，冷酷無情。面對如是利劍，領導台灣，小英要有歷史眼光、智慧和勇氣，大開大闔，決定自己的台灣價值、願景和行動。話說了，要做。

今天是二二八，應該是台灣獨立建國紀念日。天佑小英！天佑台灣！

二〇一九年二月二十八日

非解不可的心結
——英德之戰的羅生門

這篇文章很難寫，因為英德之戰歹戲拖棚，變數太多、太大，變化太多、太快。五月二十二日，英派權勢控制的中執會開會，要決定三月十八日賴清德登記參選後一變再變的遊戲規則、一延再延的民調時程。連舉不舉辦初選都可能生變。結果真的再變又變，因賴神突然提出民調讓步，投下新的變數，讓中執委不知所措，中執會延到下週三（五月二十九日）再開，再決定民調規則和時程。一系列的變化，權謀運作，機關算盡，彰顯人性權力慾深沈黑暗的一面，慘不忍睹。因此，我看兩位主角（protagonists）的人格特質、政治智慧、領袖風範，看得霧煞煞，看她／他們的政治作為，是非對錯，看不清楚，無法理性瞭解、論述。所以，此文想寫了四天卻一拖再拖，今天才寫，寫得滿辛苦的。

夢幻組合的破滅

五月八日至十八日回國十一天，兩天開僑務會議外，快馬加鞭，全心全力拜訪民進黨權勢人士，想瞭解總統蔡英文（小英）與前行政院長賴清德（賴神）二〇二〇年總統候選人的初選，為什麼無法君子之爭，一開戰就殺得刀刀見骨、你死我活。滿腦子的「Why?」，讓我非常困惑、難過。

我訪問了小英身邊的三位大將、數位中將、小將，但沒有訪問小英。訪問了賴神和支持他的朋友。也訪問了黨秘書長羅文嘉。我問他們，都直截了當，尖銳深刻，都是一針見血的問話。

在回想、分析訪談內容前，我先簡述我半年來的心路歷程。去年十一月二十四日九合一民進黨大敗前，我長期觀察小英總統的可能繼承人。在三位地方諸侯、桃園市長鄭文燦、台中市長林佳龍、台南市長賴清德中，我觀察、研究、思考結論是，三位都不錯。鄭文燦年輕一點，可以等，林佳龍不錯但略缺領袖魅力和魄力，賴清德能力、魅力、魄力都夠，又有「務實台獨工作者」的理念和信心，是我心目中的最佳人選。那時我就認為「蔡賴配」是二〇二〇年勝選的夢幻組合，賴也是二〇二四年的最佳總統人選。

十一月二十四日的地方選舉大敗破壞了我的夢幻組合。選票、民調明確顯示小英大失民心，二〇二〇年再選總統必敗，韓國瑜必勝。國民黨政權復辟，必和共產專制中國簽訂和平協議，走上「一中」統一的台灣亡國路。

今年一月二日中國主席習近平（習皇帝）對台發表「習五點」，發動「一國兩制台灣方案」的統一攻勢。一月三日彭明敏、吳澧培、李遠哲、高俊明等四大老發表公開信，敬請小英放棄二〇二〇年連任。我一月四日在《自由時報》投書，呼籲賴清德挺身而出，挑戰小英，爭取二〇二〇年總統大位。我唯一考量就是民進黨不能輸、台灣不能輸。我完全沒有考慮台灣的人情事故。更沒有想到在位總統小英會被「羞辱」的封建思想、政治文化。

賴神挑戰小英的應然

我長期居住澳洲，以澳洲的民主慣例為前車之鑑，認為十一月二十四日台灣政治海嘯、民進黨崩敗後，賴神挑戰小英是民主政治的應然、必然。所以，小英和她身邊的智囊完全沒有預料到，經過如是慘敗，會有人挺身而起挑戰她，還自我感覺良好，認定三月十八日只會有她一個人登記，兩週內就可以搞定，高枕無憂，同額競選，不需要經過民主政治激烈競選程序，小英就順利成為候選人。如是鄉愿想法、作法，天真浪漫、無知無智，真是民主政治的白癡。

我如是置疑、指責，質問小英身邊的將軍們，他們都滿頭霧水，茫然無知，無法回答我的質問。

結果，三月十八日賴神登記初選，小英和英派菁英被震撼得大驚失色、手忙腳亂、不知所措，大罵賴神「突擊」、「叛變」，違背「誠信」倫理道德。他們最大的道德譴責，就是三月十八日之前賴神曾一再宣稱支持小英，不競選二〇二〇（總統大選）。他們認為那是道德諾言，不是政治語言。在我和小英大將火花四射的尖銳對話中，他們最在意、反感、憤怒譴責的重點，就是賴神的誠信問題。

我認為，根據西方民主政治運作的經驗模式來論，賴神去年十一月二十四日之前的多次宣示支持小英、不選二〇二〇，是應然的政治發言。之後因為十一月二十四日民進黨崩敗、小英二〇二〇總統大選必敗的嚴峻政治現實，他挺身而鬥，參加初選挑戰小英，是合乎現實主義民主政治的原理原則、犧牲小我情義、完成國家大我生存的大義作為。

互控說謊的羅生門

我的疑慮是，十一月二十四日到三月十八日的三個多月之間，賴神天人交戰，是否曾向小英明確承諾不選二〇二〇年。如有，就有誠信問題。為此，我單刀直入問小英大將和賴神。大將給我的回答是，他不知道賴神有沒有答應小英，但有多次在黨政高層面前表示不選、表明支持小英。賴神給我的堅定回答是，那段時間他絕對沒有答應小英不選、也沒有向黨政高層如是發言。

明顯已成各說各話的羅生門，英賴之間已喪失互信基礎。五月二十二日中執會開議前夕，終於誠信彈爆炸，賴神和小英公開譴責對方說謊。她／他們互控說謊的羅生門，讓人目瞪口呆。三月八日賴神和小英見面，說他只跟總統報告補選事宜，她沒有問他要不要選總統，所以外面這樣傳言都是謊話，「到底總統說謊，還是幕僚說謊，這我不知道。」小英發言人阮昭雄回嗆：三月十八日以前，黨內外許多人士都曾經詢問賴前院長是否投入初選，這在黨內早已不是秘密。

賴神也向我說明，三月十八日之前他和小英在台南見面，沒談二〇二〇大選，但上飛機前她曾對他說，二〇二〇年「我們合手打贏選戰」。他猜想她要他當副手，但她沒明問，他也沒明答。小英大將也告訴我，小英二〇一八年之後就考慮二〇二〇年讓賴神當副手，二〇二四年推他選總統。此說和我十一月二十四日之前的想法雷同。

在上列羅生門中，讓我深感不解、遺憾的是去年十一月二十四日到今年三月十八日之間，英、德兩大台灣政治領袖、大位爭奪主角，面對十一月二十四日選舉大敗和明年一月十一日總統大選必敗的亡黨亡國政治危機，竟沒有坐下來推心置腹，好好交心交談，商量誰選誰不選、如何選勝二〇二〇、維持台灣的民主自由、領導台灣走向國家正常化等國政大事。不僅如此，還演變成互罵說謊的荒誕不經，真讓人匪夷所思，毛骨悚然。

習皇帝鴨霸發表「習五點」，讓小英撿到槍，強硬回嗆，堅持維護台灣的自由民主、主權獨立，民調遽然上升。賴神三月十八日登記參選，也立即產生鯰魚效應，逼迫小英強勢出擊應戰，聲勢大漲。如今三月十八日之前小英必敗、賴神可勝之勢明顯扭轉。賴神雖仍領先，但小英不再必敗，已成新的民意氛圍、政治現實。我一月四日的論述基礎已有變動。

柳暗花明的民主願景

五月二十二日，中執委開會，攻防初選程序、時程，雙方堅持不下，會場內外一片混亂。面對英派執委人多勢眾、強勢運作，賴神出現黨部開記者會宣布讓步：對比民調以韓國瑜為對象，小英贏韓國瑜，他將會無條件支持小英。若他沒有贏韓國瑜，他也會全力支持小英連任。他贏了韓國瑜，韓國瑜又贏小英，他希望小英總統和民進黨可以支持他，提名他競選總統。

賴神的明確讓步，有違民主原則但回應了台灣的政治現實、政治文化，也彰顯了賴神的民主政治素養，難能可貴，應以肯定。面對改變了的十一月二十四日至三月十八日「小英必敗」的民意變數，我贊同賴神的讓步作法。我希望，小英應該一樣民主善意回應，兩人應儘速見面長談，把過去半年羅生門的誠信誤會、誤解，化解、化除，找回民進黨建黨的民主初衷、台獨理念、同志情義和信任，接受賴神的讓步建議，公平公正完成民主初選程序，團結攜手打贏二〇二〇年的大戰，保住台灣的自由民主、主權獨立。

雖然小英已簡單回應，說「贏就贏，輸就輸，沒有讓的問題」，我還是認為賴神有善意，小英應大開大闔，接受他的五月二十二日初選建議，民調她贏了，接受他的大力支持，她輸了，大方支持他，選贏二〇二〇。這最重要。如是，兩位才是我由衷敬佩的台灣民主政治領袖人物，也才能建立符合台灣人民期待的民主典範。更才是台灣人的福氣，台灣國的幸運。

二〇一九年五月二十四日

夜路走多了見鬼

——孔子學院

說習皇帝（近平）夜路走多了見鬼，比喻得有點不倫不類，不過滿傳神的，勉強用之。他的夜路是專制獨裁、帝國主義、一帶一路、孔子學院。見到的鬼是自由民主人權普世價值。

賣毒的黑店

這篇短文論述的夜路是澳洲的孔子學院，習皇帝的孔子學院，是掛孔子之名賣習皇帝專制獨裁、帝國主義之毒的黑店，一點也不光明正大，白天見不得人，只能半夜走黑路。

中國經濟崛起，有錢，習皇帝大方送錢，從二〇〇四年開始在美國開孔子學院，到二〇一八年全球已有一百五十四家。澳洲則於二〇〇五年開第一家，至今開了十三家。

二〇〇五年我從昆士蘭大學退休，之前，我雖反對、但二〇〇七年在中國語言學者陳平（他因而升任講座教授）的推動下，昆大設立澳洲第七個孔子學院。最近報紙透露，澳洲大學和中國政府簽訂同意書，北京政府有權決定孔子學院的課程、教學內容。此約定違背澳洲大學獨立自主、自治、學術自由的基本原則、根本價值。

全國譁然。澳洲政府今年才通過法律，限制外國代理人（agent）、間諜（spy）滲透、影響澳洲政經社會，破壞澳洲的自由民主、人權價值。日前（二〇一九年七月二十五日），教育部長Dan Tehan宣布，要澳洲大學說明孔子學院是否違背大學獨立、學術自由的基本原則，是否已成外國影響（foreign influence）的代理人，需要登記、管裡。

這些年來，陳平教授對昆大Vice Chancellor（等同校長）彼得・霍伊（Peter Hoj）很有影響力。他推薦中國駐布里斯本總領事徐杰成為昆大的訪問教授，霍伊為天津大學的客座教授。並獲得中國共產黨的獎勵（award），稱讚他對孔子學院貢獻良多。

沒有學者良知的教授和校長

荒謬絕倫。霍伊是生化專家，不懂政治，不懂中國，他很相信陳平，被陳平騙得團團轉。陳平說孔子學院、四千多中國留學生對昆大很重要，他就很相信，怕失去習皇帝的錢和中國的留學生。

過去三年，我們在布里斯本辦了三次台灣電影節，兩次在昆大，放演史明的紀錄片（《革命進行式》）、《Kano》（嘉農）等電影。二〇一七年本來有昆大校方的贊助，但因為陳平告狀到霍伊那裡，說我們搞台獨，會影響中國學生的感情，引起反彈、動亂。霍伊聽話，怕事，中斷校方對我們的贊助。

我們照常演出，沒有造成動亂，一個中國學生抗議都沒有。今年我們還要在昆大舉辦台灣電影節。

還有，我們電影節的茶壺裡風波，雖讓我們無奈、氣結，卻也事件見報，引起澳洲政府的關注。我們把事件照實報告給總理辦公室。據說，對澳洲今年通過的兩個反外國影響及反外國間諜法的制訂有作證功用。

最近，六四天安門屠殺事件三十周年紀念、中國爆發新疆維吾爾的種族滅絕慘劇、香港兩百萬人上街頭反送中示威遊行，強烈引起世人關注，對習皇帝、專制中國深痛惡絕。在如是嚴厲的自由民主與專制獨裁的文明衝突政治氛圍下，昆大孔子學院、陳平、霍伊荒誕不經、荒腔走板的作為，終於星火燎原，引爆了七月二十四日昆大校園的反中、反孔子學院、反霍伊、支持維吾爾人權、香港反送中、大學獨立、學術自由的示威活動。

和平示威學生約一百五十人，引來超過兩百名中國學生圍堵，叫囂，叫罵港生「港獨份子」，大唱中國國歌「義勇軍進行曲」，來淹沒反送中抗議人士的訴求。甚至對靜坐學生大打出手、上演「全武行」。雖沒造成嚴重傷害，但引起校方恐慌，要求警方介入，沒流血的平撫了雙方對打。

文明衝突的星火燎原

這個文明衝突的星火燎原會燎多大、多遠、多久，難預料。昆大反孔子學院學生正在整軍經武，準備下週再上示威戰場。陳平教授和霍伊校長就挫咧等好戲上演吧。

不管如何，我家就在昆大旁邊，會密切關注，會去關切、參與。我們的第四屆台灣電影節十月十一至十二日會在昆大舉行。

我不信邪，看人類文明、普世價值的長遠發展，可以歷史驗證確定，專制中國、習皇帝、陳平教授、霍伊校長、孔子學院和打人的中國學生，一定是站在歷史錯誤的一邊。習皇帝的孔子學院一定不能在澳洲、美國、歐洲等自由民主國家長遠運作下去。

二〇一九年七月二十七日

台灣人的必然抉擇
——斷交、獨立與統一

一週內，中國花大錢買南太島國索羅門、吉里巴斯與台灣斷交，和中國建交，不管是習皇帝（近平）要慶祝十月一日中華人民共和國建政七十周年，打擊小英（蔡英文）明年一月十一日總統大選，或移轉香港反送中及美中貿易戰引發的中共政權危機焦點，從台灣國家立場來看，最重要的問題是：一、對台灣（「中華民國」）國家主權傷害多少？二、如果習皇帝繼續花大錢買外交，把剩下和「中華民國」有邦交的十五個迷你小國都買斷，台灣國家主權是否還存在？是否亡國？

有趣又重要的問題，值得花點筆墨論述一下。

迷你小國沒路用

我這個蛋頭政治學書生看法很簡單。問題一、我認為毫無傷害。根據國際法

（1648 Treaty of Westphalia），台灣有人民、土地、政府，當然是主權國家。但缺乏足夠的國際、尤其是聯合國的承認，所以有不是法理（de jure）、只是實質（de facto）主權國家之說。此說爭議很多，僅什麼是「國際承認」就可以各說各話，辯論到昏天暗地，沒完沒了。台灣護照全世界走透透，比中國護照還好用，台灣在一百六十多個國家有半官方、其實是官方的代表處，是很多國際組織的成員，參加很多國際活動。在當今複雜（已非1648 Westphalia）的國際政治氛圍裡，這些算不算「國際承認」？不算，什麼才算？

最重要的是，唯一自稱擁有台灣法理主權的中華人民共和國，自一九四九年建國以來從來沒有統治過台灣一天，沒在台灣收過台灣人一分錢的稅金。法理也好，實質也好，台灣都不是中華人民共和國的一部分。

在此廿一世紀的現實主義國際政治氛圍裡，全世界都看得清清楚楚，不管是過去的二十幾個或目前的十五個「中華民國」迷你邦交國，對台灣的法理主權也好、實質主權也好，都沒有什麼真實意義。不要說和台灣沒有邦交的美國、日本，連和澳洲比，在台灣國家主權維護上，這些小國一點關係、作用都沒有。大家都心知肚明，台灣自強自衛和美國權勢協防，才是台灣國家生存的保障。

簡言之，既使目前十五個「中華民國」的迷你邦交國，全部被習皇帝花大錢買去，對台灣國家獨立主權根本不會造成任何傷害。不過，對虛擬的「中華民國」（包括中國和外蒙古）的國家主權，是否會造成致命傷害，倒值得我們認真看待、思考。

斷光了就獨立

對索羅門、吉里巴斯與台灣斷交，馬英九政府的外交部長歐鴻鍊鐵口斷言，「當中華民國的邦交國斷光時，就是中國大陸完成統一之時，台灣將成為中華人民共和國的一部分」。多年來，我和很多台灣朋友看法相反，我們認為，當「中華民國」的邦交國斷光時，就是台灣獨立建國、「中華民國」變成「台灣」的歷史時刻。

兩論比照，不管東看西看，怎麼看，我看到的都是，歐鴻鍊的論述荒誕不經，我的看法真知灼見。歐的說法大錯特錯，理由簡單，當中華民國的邦交國全都斷光時，「中華民國」是壽終正寢亡國了（其實一九四九年就亡了），但台灣必然浴火重生，完全脫離中國魔咒，不再受中華人民共和國的主權聲索、約束，可以背水一戰，奮起建立一個新的獨立的台灣國。

這不是科學論定，但看看今日反送中的香港人民，和習皇帝在中國的殘暴專制統治，自由民主的台灣人民一定站起來，拚命戰鬥、反中國併吞、獨立建國。那是天理人道的應然、必然。

挑戰習皇帝

最後，不自量力，我要挑戰習皇帝繼續買斷台灣邦交國，看你敢不敢。你越買，小英越得台灣民心，越會選贏二〇二〇年。美國、日本、澳洲等民主國家，站在歷史對的一邊，也越會支持台灣主權獨立。不信，我們走著瞧。

二〇一九年九月二十三日

香港的啟示
——沒有中間選民的抉擇

以前多次談過台灣中間選民的問題，這次再談，因為日前帶一個龐大訪問團去北海道，作了一個成功的台日文化交流活動。音樂會外看紅葉，一周相處，相談甚歡，常談台灣二〇二〇年總統大選，感覺她／他們都是中間選民，語露中間選民的共同焦慮。同時香港反送中民主運動已如火如荼進入第四個月，香港人不要一國兩制，要自由民主的堅韌不拔，犧牲奮鬥，震驚全世界，對我們很有啟示，故塗鴉此文。

淺藍和淺綠的憂慮

這些朋友大都屬公教退休人士，有智慧，有見解。除了經濟上她／他們是中產階級（可能有幾位富商）外，在統獨光譜上大都是淺藍和淺綠選民。她／他們不是同意喜樂島的深綠，也不是同意中國一中原則，一國兩制的深藍。

她／他們二〇一八年九合一選舉很多支持韓國瑜，但二〇二〇年不會再投韓國瑜。她／他們二〇一八年反對民進黨，但二〇二〇年會投蔡英文。

雖然她／他們大都同意小英維持中華民國現狀，認為中華民國是目前台灣最大認同公約數，但很多也同意，小英的維持現狀和中國共產黨及國民黨的維持現狀不同，國共兩黨不可能接受小英的維持現狀。很多也同意，中華民國最大公約數十多年來已嚴重流失，由台灣民意的多數變成少數。再過十年就可能流失殆盡。她／他們因而憂慮。

也就是說，她／他們大多沒明言，但同意我過去多年看法，台灣的統獨是敵我矛盾的零和遊戲，中間地帶必然越來越狹窄，主張不統不獨的中間選民必然越來越少。現實是十年前一半以上的選民是不統不獨的中間選民，現在減到三分之一，十年後會減到十分之一。

那是歷史洪流的必然發展。台灣人民應在二〇二〇年大選中就有所覺悟，有所抉擇。為台灣和時間賽跑，越快越好。為此，我和她／他們不同，認為小英維持中華民國現狀不可行，必須大刀闊斧，改弦易轍，推動台灣獨立建國的艱難議程。

可惜的是，儘管香港反送中民主運動已震驚全世界，世人都看得清清楚楚，民主與專制之間沒有中間地帶，沒有一國兩制。但很多台灣中間選民卻還迷迷糊糊，不知今日香港可能是明日台灣，不願，不敢在統獨之間作出毅然抉擇，大膽走別無選擇的台灣路。這條台灣路難走，必有風險，但絕對是台灣非走不可的命運路。

非走不可的台灣路

與我同遊北海道的朋友就有這個問題。她／他們有人沒有我的命運認同危機感，還懷念虛擬的不統不獨的中華民國現狀，不要和專制中國統一，也不要公投正名台灣獨立，怕引來中國武力犯台。在此中間路線上，她／他們和小英看法類同，但對小英的維持中華民國現狀，有人（可能淺綠）認同，認為她真的在維持中華民國主權獨立現狀，卻也有人（可能淺藍）怕怕，怕小英騙人，口說維持現狀，實際在搞匿蹤台獨，玩火自焚。因此，小英要走中間路線，爭取這些中間選票得勝，能否得逞，有待觀察。

七天旅途，有緣相隨，很愉快，我一再以香港前車之鑑提醒她／他們，希望台灣不要變成今日香港，要毅然決然，勇敢抓住歷史契機，作台灣人，作台灣夢，走台灣路。希望她／他們聽懂我的話。

當然，我更希望，小英選贏二〇二〇年，更毅然決然，勇敢抓住歷史契機，領導台灣，作台灣人，作台灣夢，走台灣路。

二〇一九年十月二十二日

台灣前途
——彭明敏、蔡英文和賴清德

去年（二〇一九）一月二日，彭明敏教授和高俊明、李遠哲及吳澧培四大老發表公開信，呼籲蔡英文二〇二〇年不要競選連任。我馬上回應，呼籲賴清德挺身而鬥，參加初選。五月我回國和賴清德見面長談，瞭解他的想法，還出席他的記者招待會，表明公開支持。初選有變更程序不公之處，賴清德雖敗猶榮，並立即表明支持蔡英文。我也表明支持小英。

我和賴清德想法一樣

我想我們想法相似。經過二〇一八年九合一選舉大敗，我們認為蔡英文二〇二〇年總統大選必敗。為了維護台灣的自由民主獨立主權，絕對不讓習近平同時（二〇一九年一月二日）發表的「一國兩制」台灣方案得逞，不讓走入中共統戰機構中聯辦的韓國瑜選贏二〇二〇年，我們唯一選擇是，大力支持堅定維護台灣民主主權的蔡英文。何況，經過初選，六月後，台灣政治氛圍大變，蔡英文和韓國瑜的選情大逆轉，蔡勝韓敗的趨勢浮現。我們一月初反對蔡英文連任的主因不再明確。

九月，被邀請出任布里斯本小英後援會會長，我遲疑，沒接受。十月初也被邀請當喜樂島聯盟澳洲後援會會長，我拒絕。十月十一日，因為另一位綠營朋友不接，我「被迫」接小英後援會會長。十月十二日我回台，得知賴清德會接副總統候選人。十月二十四日賴清德從美國返台，二十五日和我見面，默認英賴配。但經過一天考慮，他沒接受我邀請十一月九日（後來改十一月十五）來澳洲出席後援會成立大會。我後援會開得非常成功，募了一筆澳洲來講相當大的獻金。十二月底，好友陳永興醫師來布城，我告訴他二〇二〇年一月十一日不回國助選和投票。

今年一月六日，我發表《民報》專欄，預測小英大贏、韓國瑜大敗，並說明不回國助選的個人想法和因素。

我公開支持蔡英文的立場被深綠朋友質疑。他們質疑蔡總統的學位誠信問題，這我不認同，也不在意。他們質疑她過去三年多是維持「中華民國」主權現狀，沒有、甚至反對推動我們台派長期主張的公投正名制憲入聯的台獨議程。她是「華獨」，不是台獨。她不特赦陳水扁，不把華航（China Airlines）改成台航（Taiwan Airlines），不支持、還壓抑二〇二〇東京奧運正名公投，連簡單的中正紀念堂都沒改成民主紀念館，令我們這些為台灣獨立建國打拼數十年的老台獨，如彭教授、吳澧培、陳永興、李筱峰，大跳腳，情何以堪。

老台獨大跳腳

我不能和彭教授比，但吶喊台獨也喊了五十多年，我二〇一六大力支持小英，二〇二〇年對她有所失望，但還是大力支持她，當然也情何以堪。

十二月陳永興來布城，我們談到彭明敏教授，說他九十六歲了，腦筋清楚、敏捷，但身體衰弱，今年我們應替他辦一個紀念一九六四年「台灣人民自救宣言」的活動。去年十月我回國，照過去十多年往例，由我邀請，李筱峰和我輪流埋單（這次吳新興搶了付帳），請彭教授和幾位好友（這次有陳麗貴、郭美芬等）吃簡餐，閒聊國政世事，聊得興高采烈。

過去三年因為對小英的不滿，李筱峰他們會開玩笑，哄彭教授和我組彭邱配選二〇二〇，但是算來算去，我們得票都是十幾票。

耶誕前在布城談彭教授，耶誕後陳醫師回國看他。一月二日，看到彭教授在《自由》寫的〈台灣人自救宣言續文〉，讓我驚豔，讀得感動、感慨萬分。我的立即感傷反應是，五十六年前在戒嚴台灣，那是驚世駭俗、振聾啟聵、震撼台灣民心的革命呼喚，五十六年後在今日民主台灣，它只是令我們七、八十歲老人懷舊傷感的空谷足音、暮鼓晨鐘。我和李筱峰、陳永興外，不知還有多少台灣人讀了「續文」會感動得心酸、心痛？

蔡英文會嗎？賴清德會嗎？是我心中的疑問。我心想，小英不會，賴清德會。

彭教授的七點建國藍圖

彭教授續文提出的七點台灣獨立建國建議，後面五點的基礎根據是前面兩點。有了前面兩個根本，後面五點水到渠成，問題都能迎刃而解。他的第一點：「台灣的獨立主權，絕不可退讓。」這是「母親的話」（motherhood statement），大家都懂，都不會反對。

第二點：「我們活在政治和法理上極其畸形虛偽的台灣，太久了，應急切成為正常國家，立刻召開『建國會議』，集智制定台灣憲法、新國號、新國旗、新國歌，宣布新國家的成立，凡冠以『中國』的公私機關、公司、社團、學校、街名，全部除去『中國』名稱。」這是我們被彭教授一九六四年宣言啟蒙的台灣人，追求獨立建國喊了半個多世紀的ＳＯＰ（標準運作程序）。也就是前總統李登輝的「兩國論」、陳水扁的「一邊一國」實現的ＳＯＰ。台灣要國家正常化，非一步一腳印走完此ＳＯＰ

不可。

這條路當然荊棘滿地，寸步難行。所以，彭教授的第七點說：「以新國號新國家名義重新申請加入聯合國，一年不成，三年，十年，五十年，繼續申請直到成功為止。」豈只五十年，一百年、兩百年都要堅持走下去。

這條路非常難走。以蔡英文總統的理性、穩重、保守政治性格，她會堅定維持「中華民國台灣」的獨立主權。三年來為此她表現堅毅、亮麗，令人欽佩。但性格使然，她不會走彭教授第二點的建國道路。對此，我不敢寄予希望。只希望，她繼續堅強維護台灣的自由民主和「中華民國台灣」主權，並大肆建設國力：富裕的經濟、強壯的國防、健康的社會和有台灣心、台灣情的教育和文化、與美國、日本、歐盟等國家建立民主同盟，對抗專制中國。這些重要工作，小英總統可以做得很好。四年後國家基礎建設有成，民主深化鞏固，台灣認同增強，大得民心，讓賴清德有強大的建國基礎，接棒推動彭教授的建國藍圖。之後，大概還要經過鄭文燦、吳怡農、林飛帆等一代又一代天然獨的犧牲努力奮鬥，五十年、一百年後才能看到自由民主獨立台灣國的出現。

還有，我認為，彭教授的建國大道，有其艱苦開創革命性，需要韋伯（Max Weber）的魅力領袖（charismatic leaders），如一九九〇年代的李登輝前總統，才能大開大闔、大刀闊斧邁進、走成。小英不是魅力領袖，賴清德是。

為了台灣下一代非走不可的路

這條路難走，但值得走，走得成。台灣要不亡國，非走不可。走成的台灣，彭教授一定看不到，我也一定看不到，蔡英文和賴清德恐怕也看不到。為了未來世世代代的台灣子子孫孫，我們有別路可走？我認為沒有。我的看法，小英可能不同意，我希望賴清德同意。我更希望越來越多一代又一代的台灣人同意。

兩天後我預測一月十一日總統大選小英必大贏。我的預測被很多朋友罵為豪賭，說我是我「無可藥救的樂觀主義者」（incurable optimist）。罵得好，也可能得對。如罵對，我預測錯，韓國瑜贏，當然這篇論述變成廢話連篇。

不管如何，反正我一定看不到二十、五十、一百年後的「劇終」（endgame）。誰要和我豪賭天下？我樂意奉陪。

二〇二〇年一月九日

沒有自由和透明

——「中國模式」的迷失

中國有兩千多年的歷史和文化，多采多姿，文字的運作，更是千變萬化。

只有在中國，習皇帝（近平）能夠把秦始皇以來兩千多年的專制政治，魔術化地變成比西方現代民主政治還要「進步、有效、民主」的廿一世紀「後現代」（post-modern）的「中國模式」。

被騙了兩千年的中國人民

也只有在中國，才有那麼多的人民會相信，「中國模式」比西方民主的政經制度好，更有效率、更進步、更民主。

一九九〇年代，有人（金觀濤等）論述說，那是「超穩定結構」的社會。中國兩千多年的專制文化、政治、社會制度基本不變，穩如泰山。康有為、梁啟超改不了它，胡適、陳獨秀、孫中山、毛澤東也改不了它，鄧小平、江澤民、習近平更改不了它。

毛澤東搞共產主義的無產階級革命，把中國搞得天翻地覆，人民一窮二白。鄧小平一上台，翻臉不認人，把無產階級革命棄若敝屣，但又不能公然承認，就搞文字遊戲，搞成有「中國特色的社會主義」。

其實，鄧小平就是丟棄共產主義，甚至放棄社會主義，掛羊頭、賣狗肉，大搞資本主義。但是不能公然承認，於是造句成「中國特色的社會主義」。他老兄，沒有guts，連更接近事實的「中國特色的資本主義」都不敢用。

三十年大搞資本主義，讓中國變成世界第二大經濟強國，直追美國。習近平得意洋洋，要搞偉大的中華民族復興，於是製造自我偉大的品牌「中國模式」，大剌剌地宣揚它的偉大，吹噓成是大大優於西方傳統資本主義的新發展模式。

真是井底之蛙、夜郎自大，以為世人都是大傻瓜。中國人好騙，世人也好騙。

專制政治＋國家資本主義

更可笑的是，習近平不僅把他的經濟崛起說成是「中國模式」的功勞。他連半年來中國爆發武漢肺炎，禍害人類，世人受害已近四百萬（還在快速增加），中國受害約十萬（不可信的官方數字，實際人數絕對更多），都還得意洋洋，大吹「中國模式」抗疫非常成功，值得世人稱讚、模仿。讓世界免受更大災難，世人要感謝中國。真是大言不慚，臉皮夠厚。

簡單說來，「中國特色的社會主義」也好，「中國模式」也好，它們都是換湯不換藥的中國兩千年的專制政治，加上國家資本主義的雜種（hybrid）。它的老前輩就是希特勒的德國。

政治上，它是秦始皇之後一脈相傳的東方專制政治。經濟上，國家（習皇帝）控制、擁有大部分生產資本和資源，中央集權主導發展經濟，利用、運作西方和其他自由市場資本主義國家的經貿機制，大做生意，大賺錢。

美國外交關係委員會高級研究員、亞洲項目主任易明（Elizabeth C. Economy）指出，中國宣揚「中國模式」有政治、經濟等考量，第一是為了阻止國際社會對中國的批評，像是新疆和南海問題；第二是發展替代的秩序；第三在經濟上獲益；第四是讓中共在國內的執政合法化。

易明認為，「中國模式」本質上是專制政體和國家資本主義的一個變種，即為國家廣泛控制政治和社會生活，包括媒體、網路和教育，在經濟體制上，市場經濟和國家控制核心部門的混合經濟。

經濟發展要有自由和透明

誰也不知道，習皇帝的中國會不會像希特勒的德國，武力侵略他國，甚至掀起世界大戰。很少經濟學家認為，專制政權領導的國家資本主義，能長期發展經濟，維持高速經濟成長。很多經濟學家認為，要長期經濟發展，需要有穩定的民主政治和真正（個人）自由的經濟制度。

我相信一九九八年諾貝爾經濟學獎得主沈恩（Amartya Sen）的「以自由看待發展」（Development as Freedom）論述，經濟發展需要一套關連的自由（development entails a set of linked freedoms）。他特別強調政治自由和透明（political freedoms and transparency）。

金正恩的朝鮮以外，習皇帝的中國是世界最沒有政治自由和透明的國家。我不相信，這個國家能維持長期高度經濟發展。這次中國病毒造成的世界災難，彰顯的就是中國的嚴重缺乏自由和透明。災難嚴重創傷了中國的經濟體制。很少經濟學家認為中國能恢復過去的高度經濟發展。

很難推翻的超穩定結構

和希特勒的國族主義（Maine Kempt）、毛澤東的無產階級革命、鄧小平的中國特色的社會主義一樣，習皇帝的「中國模式」，講文雅一點，就是建構「假意識」（false consciousness）的意識型態。講白話一點，就是洗腦（欺騙）人民的文字遊戲，就是政治迷思（myth）。德國人被希特勒騙了約二十年，結果造成德國與世界的大災難。中國人被類似迷思迷了兩千年，變成超穩定結構。要二十年、五十年被推翻，還真看不到。是否要等一百年、兩百年、另一個世界大戰，才能推翻，還真令人想起來，不寒而慄。

二〇二〇年五月六日

過氣的政客
——陸克文、季辛吉與馬英九

二十多年來，我和澳洲前總理陸克文（Kevin Rudd）曾有一段滿深的交情，寫過很多文章讚美、批評他。這幾年，他步季辛吉（Henry Kissinger）後塵，成為專制中國最大說客，言行荒腔走板，我不再多理他了。我把他、季辛吉和前總統馬英九列為過時、過氣政客，令人討厭。

不過，陸克文學問可以比美季辛吉，比馬英九更是深厚百倍。他的中文，尤其中文文章，寫得比馬英九都要好很多。他的英文論述，更可比美季辛吉，常在《紐約時報》（*New York Times*）、《外交》（*Foreign Affairs*）、《經濟人》（*The Economist*）等權威媒體發表鴻論，影響力很大。

中國情結

陸克文出生昆士蘭，和我一九七四年教的學生Wayne Swan中學同班，都是高材生。Swan唸昆大，他唸國大。陸克文不是我的學生，但稱呼我「老師」。兩人同屬工黨。陸當總理，Swan當副總理兼Treasurer（財經部長）。兩位有瑜亮情結，最後變政敵。Swan比較反、陸克文比較親共產中國。

陸克文唸中文系，曾去台灣師大唸一年中文，對台灣印象很好。大學畢業後他當外交官，天安門事件前（一九八四至一九八七年）派駐北京，之後回昆士蘭參政。一九九六年參選聯邦議員。我替他辦了一場台灣同鄉的募款晚會，募了一筆不小的競選經費。之後幾次大選，台灣同鄉都大力支持他競選連任。

不過，進入國會後，我很快發覺他在對中國看法和政策上，非常接近費正清（John King Fairbank）和季辛吉的傾中妥協立場。他們對中國兩千多年的歷史和文化，有一定的同情和認同。認為應給專制中國較大、較長的發展空間和時間。根據很多的發展理論，先讓中國經濟發達，人民富起來後，像日本、台灣、南韓，中國也會走上自由民主政治現代化的道路。

對中國政策上，季辛吉和馬英九完全認同「一中」原則。馬英九根本是投降主義，相信終極統一，反對台灣實質或法理獨立。季辛吉講的是國際政治的權勢平衡（balance of power），在維持現狀的可能性內，不反對台灣實質獨立存在。但如國際權勢平衡需要，如一九七一年，為了聯中抗蘇，他毫不猶疑跑去見毛澤東，出賣台灣。

一廂情願的台灣論述

陸克文認識、認同台灣的民主發展和成就，不願意民主台灣被專制中國併吞。但是，他不認為台灣應該破壞現狀，搞法理台獨，觸怒崛起中國，引爆台海戰爭。認為台灣要忍辱負重、忍氣吞聲，維持「小媳婦」的不明不白身份，等中國經濟發展導致政治民主化後，水到渠成，自然就會成為法理獨立國家。

我不同意他的這套天真、妥協論述。在他當上總理前，在一個十人的小餐會上，我和他旗鼓相當、火藥十足地辯論了一個多小時。他不能說服我，我也不能說服他。之後，他儘量避免我，我們就不常見面。

說他天真也好，無知也好，「甲仙」也好，聰明反被聰明誤也好，他就是深信他的妥協主義。他的第一錯誤是，中國經濟發展導致民主化的看法，已被實踐驗證否定。習近平的中國是經濟越發展政治越專制。第二錯誤是，台灣不製造麻煩，專制中國就會leave Taiwan alone（讓台灣生存）。那是一廂情願，癡人說夢話。他不懂習近平的China-centric（中央中國）大一統的帝國主義，是鐵板一塊。死也不可能leave Taiwan alone。專制國家都欺善怕惡，中國更是如此。

一九四九年以來，中國從來沒有leave Taiwan alone。三十年來，中國崛起，更是文攻武嚇，無所不用其極地壓抑台灣生存空間。習近平要當習皇帝，更China-centric，更變本加厲，要併吞台灣。

又是喊「狼來了！」

在這期《外交》（二〇二〇年五六月），陸克文再發表鴻論，認為，武漢肺炎持續肆虐全球，多國力挺台灣加入世界衛生組織（WHO），美國加大支持台灣的力道，將使中國對美國的態度更為強硬。

他說，美國努力確保台灣重新加入世界衛生組織，北京也可能加強限縮台灣的國際空間，以此做為應對美方的戰略，美國最近為了提高華盛頓與台北之間的官方接觸層級，不斷做出相關政策，此現象可能會讓「一中政策」開始瓦解。

陸克文強調，若美方對於「一中政策」的理解不復存在，對於台灣發生「軍事對抗」的前景想像，也可能「化抽象為現實」，陸克文認為，台灣有可能成為美中雙方衝突的引爆點。

真的是「狼來了！」（alarmist）的呼叫。中國連抗禦COVID-19病毒都一再壓抑台灣，抵制台灣參加ＷＨＯ的活動，把台灣迷你邦交國買去只剩十五個，還一天到晚戰機和戰艦繞著台灣搞武嚇，除了武力併吞外，習近平還要怎麼限縮台灣的國際空間？這個時候，習近平敢、能揮兵侵犯台灣？台灣要加入ＷＨＯ，中國就抓狂、要開戰，那中國還需要什麼其他藉口開戰打台灣？中國要打台灣，何患無辭？

美國的「一中政策」早就是廢紙一張，還有什麼理解不理解的問題？還有什麼「化抽象為現實」的謬論？既使川普公開宣布廢除「一中政策」，習近平會、敢和超強美國「軍事對抗」？不敢吧！這不是「狼來了！」的叫聲，什麼是「狼來了！」的叫聲？

季辛吉、馬英九等中國的「同路人」（fellow travelers），應該同意陸克文的看法。他們最大的問題是，黑白不分，是非顛倒。問題不是川普挑釁，台灣製造麻煩，而是專制中國爆發武漢肺炎，獨裁習近平隱匿疫情，造成世界大災難，不讓國際獨立調查疫源。還有，民主台灣要主權獨立，天經地義，專制中國要武力併吞民主台灣，無理取鬧。要問罪的是中國，不是台灣。要支持的是台灣，不是中國。

站在歷史錯誤的一邊

他們根本搞錯了。是中國站在歷史錯誤的一邊；台灣和美國站在歷史對的一邊。不過，這樣和他們兩極辯論下去，各說各話，沒完沒了，沒什麼意思。他們都是過氣的政客。時代潮流早已滾滾流過他們。習近平的專制中國在這次中國病毒人類大災難中，已成世界公敵。陸克文還拚命替中國說話，必定枉然。

像季辛吉、陸克文是非常有才氣的政治人物，落得如是歷史錯誤的下場，我感覺可惜。我把馬英九和他們兩位擺在一起，不倫不類，算是黑色幽默。

二〇二〇年五月十三日

淡如水
——阿輝伯和我

我最尊敬的台灣前輩，有三位：前總統李登輝（阿輝伯）、彭明敏教授和作家鍾肇政（鍾老）。我和阿輝伯沒有深交，交往、交談不多，只敢把他當作敬佩的前輩，非師非友。我和彭教授和鐘老有長期交往，深入交談、甚至交心。我大膽把他們視為我師我友。

一九九〇年以前我反對李總統，因為我把他看成國民黨的走狗。一九九〇年爆發野百合學生民主運動，我在淡江大學客座，去中正紀念堂支持學生。因和黃信介、康寧祥的關係，了解李登輝總統的苦心孤詣。之後被他邀請出席國是會議，還當分組討論主席，親身看到阿輝伯的民主修養和風範，大力支持他的憲政改革議程，尤其是他的總統直選浩大工程。

我開始欽佩李總統。他一九九四年請我當僑務委員，我是王桂榮之後被邀請當僑委的反國民黨的台獨人士。就在僑務委員會議很多委員見證下，他特別和我交談。

一見面他就說，邱先生，你最近寫很多文章罵我。我辯解，說總統先生，我是罵國民黨，不是罵你。他拍拍我的肩膀說，沒關係，你是頭家，繼續寫，繼續罵！

之後，我尊敬他但還是反對他，一九九六年總統大選，我大力支持彭明敏教授，反對李總統。

二〇〇〇年台灣第一次政黨輪替，是震撼人心的歷史大事。我再回國淡大客座。被陳水扁前總統請去當國策顧問外，也被前副總統呂秀蓮拉去當台灣心會創會會長。

我們要去台中召開龐大的創會大會及群眾大會，會前討論邀請一位貴賓專題演講。大家目標一致，認為阿輝伯是最佳人選。我認為應由呂副出面邀請，她說不行。結果趕鴨子上台，硬把我這個准會長趕去見阿輝伯。

我匆匆安排，趕去新竹看他。在一個午宴上，他們安排我和他同桌，並坐在他旁邊。他親切招待我吃菜，問我有什麼事。我說明來意。他馬上把辦公室主任叫來，問他當天他的行程。主任查後說那天他有台北接見日本貴賓的安排。老人家毫不遲疑，告訴主任變更台北見客行程，他要趕去台中給我們做專題演講。

大會上，在台中的大太陽下，他做了一場精闢的台灣經濟發展的演講，讓我們聚精會神，聽得心智大開，印象深刻。

之後，他有邀請我參加他的智庫群策會的活動，也請我發言。也在淡水台綜院接見我和美國學者，聽他講話，津津有味，意味深遠、深長。但不知為什麼，這麼多年沒有常去看他，和他交往、交談。他身體不好後，我也曾多次想去看他老人家，但都一樣不知為什麼，情怯、膽怯，感覺不好意思，沒去。

我想，這就是我一生的「有夢最美，有緣相隨」人生觀。我和三位前輩，都有台灣獨立建國的美夢，但我與彭教授和鐘老有緣，和阿輝伯沒緣。那是我的終生遺憾。

有緣，無緣，我將有生之年，永年懷念阿輝伯。

二〇二〇年八月八日（原刊於僑委會會刊）

台獨之路
——實質到法理獨立

台灣現在是實質獨立（de facto independent）但非法理獨立（de jure independent）主權國家。這是世界公認。

現在，只有十幾個迷你小國，承認中華民國是法理獨立國家，和台灣有正式邦交關係。一百八十多個國家不承認中華民國，也不承認台灣是法理獨立國度，和台灣沒有官方外交關係。其中，美國是台灣最重要的，不承認台灣是主權國家，卻和台灣有戰略盟邦關係的超強大國。

美國不承認台灣法理獨立

美國有《台灣關係法》，明確法律保護台灣的實質主權，不讓中國併吞台灣。但是，美國不法理承認台灣國家主權，和台灣沒有正式邦交關係。美國的半官方駐台機構叫美國在台協會。台灣駐美代表，不是大使，是台北經濟文化辦事處的代表。美國不支持台灣成為聯合國的正式會員，只支持台灣實質參加聯合國的功能機構。

其他民主國家、日本、澳洲、歐盟諸國，大都同情台灣，但比美國還不敢觸怒中國，支持台灣法理獨立。

這就是台灣面對的殘酷國際現實。

習近平上台後，要當軍國、帝國主義的中國皇帝，觸怒很多民主國家。美國在川普領導下，更激烈、強勢反對中國的霸權主義。在他衝鋒陷陣領導下，日本、英國、歐盟、澳洲、印度等國都明顯增強反習、反中漲力。並積極推動、組織民主戰略聯盟，抗拒中國的權勢擴張。

尤其川普的美國，對台灣的支持激增。但是，現實仍是，他稱呼蔡英文「台灣總統」，但是，雖有國會通過的《台灣旅行法》的法律根據，川普總統還是不可能邀請蔡英文總統到白宮國事訪問。

跟在美國之後，日本小心翼翼，不敢明目張膽，支持台灣。澳洲更差，因為經濟依賴中國比日本還大，更不敢公開支持台灣。

一葉知秋的認同轉變

不過，我住澳洲，密切觀察澳洲政局，發覺澳洲表面上不說話支持台灣，但實質上有在改善台澳關係。在此，我舉一個一葉知秋的例子，說明這個微妙重要關係的變化。

一九七二年澳洲和台灣斷絕邦交，關了布里斯本的台灣領事館。二〇〇八年台灣半官方的經濟文化辦事處，申請辦公室許可。昆斯蘭政府的批准規定辦公室的用途是「commercial offices to conduct consular services with a foreign mission」（一個外國代表處執行領務服務的商業辦公室）。經過漫長十二年，今年辦事處要買新辦公室，申請批准，得到批准是「To establish the Queensland State Office to carry out diplomatic functions and provide consular services as the de facto Embassy of Taiwan」（實質台灣大使館為了執行外交功能和提供領務服務設立的昆斯蘭州辦公室）。

好個「外交功能」、「台灣大使館」。如是官方正式外交用語的變更，絕不意外，雖非驚天動地，但絕對明確表明澳洲對台灣的國家認同、外交政策的重大改變。離正式外交承認只差一步。

當然，離正式外交承認只差一步，台灣不要高興太早。這一步咫尺天涯，要從

「實質台灣大使館」變成「法理台灣大使館」，還要跨越一道深廣、驚險的鴻溝，才能變成真正主權完整國家。

歷史契機稍縱即逝

還要千辛萬苦，努力奮鬥。目前，習皇帝的專制獨裁、中國帝國的霸權國際權勢擴張，已引起美國為首的民主國家的群起驚醒、驚怒、抗拒。民主聯盟圍堵專制中國的新冷戰，已經浮現。

對台灣講，那是千載難逢的歷史契機，不抓緊，積極推動台灣實質到法理獨立國家的艱鉅工作，非常可惜。今天不做，明天一定後悔。

二〇二〇年八月十日

台灣會亡國？

——小英總統的歷史定位

前言：三個月前入院開刀，之前，寫了幾篇有關中國超穩定政治制度的文章。昨天（二〇二〇年十一月九日）出院回家，今晨打開電腦，發覺有兩篇稿沒登。感覺論點還好。故陸續在此刊出。

朋友問，你最近文章說，中國專制政治牢不可破，台灣一定是中國的一部份。你是不是說台灣一定亡國？

No，我當然沒說台灣會亡國。我說的是，中國專制帝國兩千多年，根深蒂固，不是不能但很難民主現代化。蔡英文總統的中華民國台灣民主國度，可以守護台灣的實質獨立主權一段時間，但不能長治久安、永續發展，更不能法理主權獨立，成為世界各國承認的主權完整國家。也即，不能國家正常化。

這是我論述重點。其他我的說法滿亂的，有說不清、理還亂、甚至矛盾的地方。至於歷史時空的分段說法，純屬臆測，僅供參考。

我說，蔡英文總統的中華民國台灣現狀，可以維持五十年、一百年，中共專制政權可能維持一百年、兩百年，都是臆測的話。很多變數我沒納入考量。當然，反面臆測，台灣蔡總統的現狀可以維持更久，習皇帝的中國帝國可能更快崩潰。

我的臆測是根據幾個重要關鍵變數，那是我的合理推測。

根據近年權威學者的理論說詞，Samuel Huntington的第三波民主化和文明衝突，Francis Fukuyama的歷史終結論，到最近James Bradley的中國海市蜃樓之說，在中國專制政治必然崩滅和台灣民主必然長存之間，能作的理論推測，變數、結論之多，豈止多如牛毛、堆積如山、千變萬化。

我作的是「教學過的猜測（educated guess）。希望是「很好的教學過的猜測（well educated guess）。

公投制憲、國家正常化無可迴避

台灣的國家獨立生存，不能依賴專制中國的強弱盛衰，喜怒哀樂，必須依賴自己，然後依賴美國為首的民主國家。台灣要活命，就要成為亞洲的以色列，勵精圖治，富國強兵，鞏固民主，發展與美國為首的民主國家的戰略夥伴關係。還有，台灣國家正常化，經過公投制憲正名，把中華民國台灣變成名正言順的台灣共和國，應該也是避免不掉的艱鉅工程。

蔡英文總統現實主義不做正名工作，只成功維持中華民國台灣的實質主權獨立。她不做的國家正常化工作，當然千辛萬難，卻絕對是她的繼承人，五十年、一百年內逃不掉的命運任務。

一九六四年彭明敏教授發表〈台灣人民自救運動宣言〉，奠定他是台灣獨立之父的歷史定位。剛辭世的李登輝總統則是台灣民主之父、民主先生。一九九九年他還宣布台灣和中國是「特殊的國與國關係」，此論必留名青史。陳水扁總統繼承李總統，宣揚「一邊一國」，挑釁中國，觸怒美國，一樣會被歷史記住。馬英九總統虛擬的「九二共識」、「一中各表」，也讓他維護了在台灣的中華民國的實質主權。他認為那是他的豐功偉績，可以留名中國史冊。

請問小英總統，比起妳的三位前任總統，妳認為妳也成功維護了中華民國台灣的實質主權獨立，是妳的豐功偉業，可以留名青史？這個定位問題，妳現在問已經太遲，三年後再問必成歷史陳跡。

如是比較馬總統和蔡總統的豐功偉業、歷史定位，情何以堪。我罪過！罪過！

我看到的時空前途，台灣不會亡國。台灣能否成為亞洲的以色列，堅強法理主權獨立存在？則是大哉問，應該是小英總統和全體台灣人的終極關懷、必須面對、解決的懸命問題。

二〇二〇年十一月十日

最大的賭博
——台獨之戰

台灣國家正常化，「中華民國」正名為「台灣」，中國會不會揮兵入侵，武力統一台灣？這是台灣必須面對的命運問題。

這個大哉問，沒有人有答案。三位主角——台灣的蔡英文總統、中國的習近平主席和美國的川普總統，雖都必然非常關心，但都沒有答案。

我這個凡夫俗子當然更是毫無頭緒，莫宰羊就是莫宰羊。但它日夜在我心頭，揮之不去，想不開。我百思不解，胡思亂想，想出很多不切實際但又似乎滿重要的大河劇劇情（scenario）。在此，我拋出幾個不是答案、非常粗糙、但理性思考的看法，提出來算是自我解嘲、解悶。

我認為，假如蔡英文今天宣布要推動公投正名制憲的台灣國家正常化議程，習近平一定暴跳如雷，大喊要武力統一台灣，川普也會跳腳，罵蔡英文挑釁中國，製造麻煩。但是，以目前三國的國內外情勢，我認為，習近平會更激烈的文攻武嚇，會派更多的戰機、軍艦圍繞台灣，發射飛彈打到基隆、高雄海面，但一定不敢、不會揮兵入侵台灣。

川普會譴責蔡英文，但也會警告習近平不要輕舉妄動。如動武，美國一定派兵協防台灣。

這場豪賭的台獨之戰、台海戰事，不會發生。因為美國目前的軍事力量，還是大大領先中國。中國沒有贏的可能。

中國發動台海戰爭機率不大

不管習近平怎麼窮兵黷武，發展中國武力，我的看法是，中國二十年、五十年內要追上美國，還是天方夜譚。在此權勢差距仍然懸殊的戰略情勢下，中國發動台海戰爭的可能性不大。

當然，如果我的評估錯誤，中國能在近年內武力逼近美國，中國打台灣的可能性必然大增，美國協防台灣的可能性大減。

美國則相反，目前川普有恃無恐，自信滿滿，美國武力，現在、未來都遠遠超過中國，可以大敗中國，他必然會願意軍事協防台灣，不怕和習近平一戰。如果川普的信心錯誤，結果如上。

同理，目前台灣的武力大大落後中國，習近平更敢揮軍犯台。如果台灣勵精圖治、加強軍備，越來越能抗拒中國武統，中國必然越不敢揮兵入侵。美國也必然越願意武力協防台灣。

這就是現實主義的權勢政治、權勢戰爭。台獨之戰發生不發生？歸根結蒂還是現實的權勢主義決定。

至於中國內亂、中共權力鬥爭、政權面臨崩潰，習近平為了團結中國民心士氣、鞏固他的獨裁政權，維持共黨專制統治，而利用蔡英文宣布推動台獨議程，發動民族主義「聖戰」打台灣的想法，我認為是意識型態政治幻想症候群，可能性很小。在今日世界，如是非（反）理性、非（反）現實的想法、作法，雖非已成歷史陳跡，應也已不值我們嚴肅理性考慮。

最後，習近平想當復興中華帝國的皇帝夢想瘋了，一聽到蔡英文搞台獨就抓狂，發動武統大戰。瘋了的習皇帝打台灣，令人想起德國的希特勒，不寒而慄。但那是人性最黑暗、最病態的一面。在我的冷靜理性推測中，如是scenario可能性不大。

當然，如果習近平發動侵台大戰，被美國和台灣（可能日本、澳洲）打敗，他的中國夢、皇帝夢都必然破碎，他的共黨政權可能崩潰。台灣獨立立即成功，很多國家馬上法理承認台灣。

我一生不賭，但對「今天蔡英文宣布台獨，習近平一定不會動武打台灣，川普一定派兵協防台灣」的台獨之戰看法，很有信心。有人不信，倒真想大賭一場。當然賭注太大，我一個窮光蛋，想賭也賭不起。

只此塗鴉，自我解嘲、解悶。阿彌陀佛，善哉！善哉！

二〇二〇年十一月十一日

頑固的台獨和頑固的專制

台灣駐德大使謝志偉，在臉書貼了中國的台獨黑名單，我名列其中。朋友叫我「頑固的台獨份子」。我感覺不很自在。我支持台獨，但我不頑固。

我一生相信、支持自由民主人權，反對種族國家主義，更反對專制獨裁。我反對毛澤東的中國，也反對蔣介石的台灣。我支持獨立的是自由民主的台灣，不是蔣家專制統治的台灣。

我曾天真地希望鄧小平的復出和天安門的民主運動會導致中國的民主化，蔣經國一九七〇年代的「革新保台」會走上台灣民主化的大道。結果，我大失所望。鄧小平發動天安門大屠殺，蔣經國引爆高雄事件。

一九七〇年蔡同榮在南加大邀請我參加他的台獨組織，主張革命推翻蔣家政權。我沒參加，除了個人學業沒完成、沒事業沒錢外，認為台灣暴力革命條件不夠、民主化還有希望，也是我遲疑的原因。

一九八三、一九八五年，我被鄧小平邀請參加「台灣之將來」會議，我就強調，我不是基本教義派（頑固）的台獨，假如中國民主化，我不反對台灣和中國統一。

頑固的民主份子

同理，我不反對台灣和民主的美國或日本統一。

假如我有機會見到習近平，我想提出三個大哉問。一、百分之八十以上的台灣人不願意當中國人，為什麼你非要強迫，甚至武力統一台灣不可？二、為什麼中國和美國會有如是嚴峻（敵我矛盾）的衝突？三、為什麼文明大國、中國不能接受自由民主人權等普世價值，發展成民主國度，與美國文明競爭，不是文明衝突？

問題很大，其實答案很簡單。因其兩千多年根深蒂固的專制文化和獨裁政治，習近平繼承秦始皇和毛澤東，為了維持他的專制政權，以復興中華民族的光輝文化和歷史為名，推展他的越來越獨裁的專制政治。

習近平變成習皇帝。像秦始皇到毛澤東的中國皇帝，習皇帝蒙著眼睛說瞎話，欺騙、洗腦中國人，也想欺騙、洗腦世人，用他天羅地網、無孔不入的思想言論控制、宣傳統戰機構，抹黑美國、日本、台灣等國的民主，說它亂七八糟是假民主。他的「中國特色」的社會主義民主，才是真正人民當家作主的真民主。是非不分、黑白顛倒。

絕大多數民主國家的人民不受騙，不相信習皇帝的「真」民主。很多的中國人，在兩千年的專制中國文化薰陶下，接受、服從、甚至相信他的欺世騙人說法。

專制中國和民主美國的東西文明衝突，在帝國主義權勢政治的推波助瀾下，形成了今日越燒越熱的美中新冷戰。

習皇帝絕對不承認他專制，他的獨裁是美國領導的民主聯盟圍堵中國的主因。他越來越頑固專制。

我的根本思想、信仰是民主。我是頑固的民主，不是頑固的台獨。

二〇二〇年十一月二十三日

我寫我存在

——住院三個月的零星回憶

在武漢肺炎（COVID-19）肆虐全人類的悲慘時刻，我腸潰瘍崩裂緊急入院開刀。開刀後又染上嚴重的黴菌肺炎。加上正在治療中的肺癌，大病纏身，在生死邊緣徘徊，鬼門關進出三個月。奇蹟（醫生的話）似地生還。朋友建議我把這段生死經驗寫出來。我寫不出來，因為很多時候我不是昏迷不醒，就是神智不清，虛弱無神，甚至精神紛亂、錯亂。還因為藥物副作用，滿腦幻覺幻想、幻聲幻影，惡夢連連，讓我煩躁不安、疲憊不堪。

不然，就是困在床上或床邊椅子上，迷迷糊糊，癡呆無力無神，連看電視都沒力氣、沒興趣，i-Pad摸都不想摸。i-Phone也很少用，關機不接、不回電話，不看internet。

是故，跟病魔大戰的細節，無法記住、瞭解、細說，只把記得的零星記憶，草草寫下，我寫故我存在。

要死就死、活一天就打拼一天

一困兩個半月。下床洗澡上廁所都要護士幫忙。又因藥物常瀉肚子，來不及就在床上，讓護士忙得手忙腳亂。她們任勞任怨，不介意，我卻心不安、難過。一再道歉，她們一再安慰我。

我的病情非常複雜，由二、三十位醫師聯合治療。我根本不懂，也沒精力去嘗試了解。我只知道病很重，徘徊在生死邊緣。

我大病，全世界超過數千萬人確診武漢肺炎，一百多萬人死亡。我卻一個多病老人，一個人要一大批的醫師、護士用心、用盡辦法、花費龐大資源來救，實在浪費，不值得。讓我死才對。

所以，今年二月發覺犯了肺癌後就坦然接受，要死就死。八十二歲，我活得夠久、夠好了，沒有遺憾。很快我就把後事處理好，並盡力讓家人有心理準備。還抓狂，去買了一台在美國唸研究所時曾夢想要的Mini跑車。

但是，我真的不怕死嗎？不見得。能活，我還是想活。三個月我和致命的病魔大戰，雖接受「死就死」的心理準備，但並沒放棄，一直跟要我命的病魔拼鬥。我心裡吶喊、向朋友都說，「要死就死。活一天就要拼一天」。

大部分時間我都住單人病房；但換來換去，也住過兩人或三人房。在一個病房，鄰床的病人半夜抓狂，大吵大鬧、大唱歌，把我們鬧得睡不著。不鬧時，他很文雅安靜。

另一個病人，癌已擴散，沒多久可活。一天，他和家人、醫師及律師開會處理後事。我隔簾旁聽。雖然同樣的後事我半年前就平靜處理好了，但聽他在交代後事，我還是不禁傷感落淚。

栩栩如生的幻夢

我吃了抗黴菌藥後，幻想症大發。整個腦袋不是轟轟然就是迷迷糊糊，現實和幻想之間交叉變換，一下子真、一下子假，把我搞得精神錯亂，疲憊痛苦。很多的幻象模模糊糊，有幾個倒是清清楚楚、栩栩如生，讓我印象深刻。

一是，我參加了自己的葬禮。陰陰森森、滿可怕的。

二是，好友盧孝治在桃園一個佛堂替我辦了一個祈福法會。家人外，好友陳春龍、學生范盛保出席了法會。會後，很多禮物，我還一再叮嚀孝治不要忘了帶回家。

三是，文化部長李永得、國安會副秘書長徐斯儉，來布里斯本衛斯理（Wesley）醫院，把我帶去巴布亞新幾內亞和小英總統見面（她神秘赴巴簽訂一個重要的貿易協定）。之後回台還受到小英的讚揚，說我對台灣的民主有很大貢獻。

回國見到賴清德副總統和鄭文燦市長。李永得為了發佈我的回國新聞，還請總統文膽撰稿。

真是胡思亂想、亂夢，一廂情願。

救我的醫生

我有兩位主治醫生：一治肺癌，叫亞當；一治肺炎，叫巴夏。他們星期一至五，每天清晨六點多都會來看我。巴夏第一句話問我，「我們在哪裡？」我答，「衛斯理醫院」，他就說我神智清醒。他說，我答「巴布亞新幾內亞」，他就知道我幻想症作祟，神智不清。

巴夏很嚴肅，話不多。看病仔細，要我做很多各種檢驗。三個月下來，我是被醫師、護士公認為「模範病人」。我非常聽話、有耐心。但是，出院前不久，他又下令要我做睡眠檢驗，我受不了大發脾氣，對著他和一群護士面前發飆，大喊「我不是你們的試驗品（guinea pig）！」拒絕再檢驗，把他們嚇了一跳。

亞當見面第一句話就會問，「哪裡會痛？」他怕有痛可能是癌作怪。第二他常問，「有沒有寫文章？」我曾告訴他，我一生什麼都不會，只會塗鴉。他知道我「我思、我寫，故我存在」的人生哲學。他常說，他要讓我多活幾年，多寫文章。

我一生都是為自己寫文章，我不在意讀者的想法、反應。我知道，我的文章讀者不多，影響不大。

我住院三個月，兩次進入加護病房，沒死。兩次去了復健病房，徒勞無功。兩個半月困在床上，變成不能站起來、不能走路的蔬菜（vegetable、廢物）。雖有physiotherapy（物理治療），但無效。

約兩個半月後，有一天，我實在受不了了。突然自己下床，搖搖擺擺，走出房間，在走廊上一步一步走動。護士們看到，大喊不可，衝過來把我送回床。我不理她們，開始自己下床走動。越走越穩，越有勁。然後自己上廁所、洗澡。一週後，他們讓我自由活動。最後週末，他們還說，下週可以再送去復健，一兩週（醫生說月）後應可回家。

我自己走路

週一早，我正式要求回家。醫師們開會，竟意外地，很快就決定當天讓我回家。就這樣，中午老婆月琴和女婿Michael就把我接回家。

出院那天，我突然有走出死亡黑影、看到天光之感。三個月的苦難、苦悶、痛苦一掃而光。

醫師說回家後，要兩三個月才能復元。我沒有接受醫院本來替我安排的復健計畫，自己運動復健。兩週後，感覺恢復健康不少。和醫師亞當會診，他坦白說，「你是奇蹟。你的病可以殺死比你年輕很多的人。」

我大病，最可憐、最辛苦的是老婆月琴。可喜的是全家因而非常關心、有心、團結。出院後看到家人，朋友來看我，請我吃飯，我真的感覺天光照著我，活著真好。

回家三週後，去定期維修我的Mini。車廠的人大驚，說我只駕駛了一千多公里，根本還是新車，不要維修。

「學生」何包鋼非常關心我生大病，常常問候，也是少數讀懂我文章的人。「學生」吳新興說，他等著我回去吃三井的北海道螃蟹。還勸說「少寫文章別再傷神，養生保健第一」。我回答，解說我的「我寫我存在」的人生觀。

為了武漢肺炎，醫院門禁（lockdown）了兩個月，沒有訪客。之後，解禁了，月琴天天拿飯菜來看我。後來，處長、春龍、季平也來訪，還帶來美食。但我都吃不下。我吃不下醫院的菜，後來也吃不下月琴和朋友帶來的飯。真慘！曾瘦到只剩四十二公斤。

有緣相隨——家人和朋友

好友陳永興醫師和夫人，九個月來一直關心、不停問候、向上帝祈禱，曾希望我回國治病，他們會安排一切。還請和信的癌病專家褚乃銘醫師瞭解我的病情，褚醫師的分析解說，讓我安心不少。賴其萬醫師也非常熱心，一再鼓勵、祝福。老戰友邱萬土自己也曾大病不死，對我的病憂心重重，一再安慰、鼓勵。當他接到我的line告知我突然可以回家時，他流淚了。他也說要來布里斯本看我、送我好Penfolds好酒。

出院後，處長請我吃布里斯本最好的法國餐。學生文毅安排日本大廚師，來我家煮菜給我們吃。老友春龍要找老朋友聚餐。秋燕要辦桌請客。李筱峰教授多次來line，等我回去和彭明敏教授聚餐，他錢準備好了買單。雪梨和布里斯本因為武漢肺炎關閉邊界，剛（十二月一日）開放，旅客可以自由來往。年輕好友美芬伉儷預定明年一月初坐飛機來看我。孝治和台灣的「小朋友」麗貴、涵芬等也要組團坐飛機來布里斯本。

其他很多親朋好友，如妹妹淑紅煮的媽媽的菜、淑貞和好友博文基督徒的祈禱、Linda和Nelson法輪功的「真善忍」、文龍的高麗人蔘、進吉的跑腿和買菜……

很多很多，我不能細述，不受寵若驚，只能感恩在心，深感活著真好！有親人、有朋友，真好！

我寫故我存在。至於中國把我列入「頑固台獨」黑名單，我一笑置之，感覺不重要。

二〇二〇年十二月二日

不屈服
——澳中貿易戰

澳洲和中國的貿易戰，越演越烈。欲罷不能。大家好奇，澳洲經濟很依賴中國，中國不買澳洲產品，澳洲受不了，遲早非屈服不可。是嗎？

澳洲幫美國打阿富汗戰打了十幾年，澳洲特種部隊和殘暴的Taliban打得非常辛苦，死傷慘重。二十幾個澳洲兵濫殺三十多位無辜阿富汗人，觸犯法令，被舉報。澳洲政府設立獨立調查委員會，證實他們確實犯罪，將被法辦，並向阿富汗道歉，願賠償家屬。

中國抓住機會大罵澳洲，譴責澳洲當美國走狗，帝國主義侵略、屠殺阿富汗人民。外交部發言人還把藝術家假造的澳洲兵殺阿富汗小孩的圖片上網。澳洲總理莫里森（Scott Morrison）大跳腳，要中國道歉。中國不理，還加碼，不買澳洲高粱、龍蝦、增加百分之兩百一十的澳洲葡萄酒進口稅外，又禁止澳洲牛肉、羊肉進口。擺明了，澳洲不改變去年通過針對中國的「反外國干預法」、年初發動國際調查武漢肺炎

（COVID-19）等一系列的反中行動，中國就要貿易制裁，逼迫澳洲就範。

中國譴責澳洲軍人阿富汗濫殺無辜，有道理。但中國解放軍在西藏、天安門大屠殺，殺死幾千、幾萬無辜，沒有調查，沒有公布死亡名單，更沒認錯、道歉、賠償。有道理嗎？當然沒有。

除了受害的農牧業，澳洲很多人，包括反對黨工黨領導菁英，如前總理陸克文，學者如休・懷特（Hugh White），認為莫里森跟在川普總統後面對中國說三道四、動作很大，挑釁人家，實在不智、不妥，傷害澳洲經貿利益。他們認為，澳洲是中等強國，要現實主義，對崛起中國忍讓，妥協，維護兩國經貿關係。

國家主權、立國價值不能犧牲

莫里森認為，經貿利益重要，但國家主權、立國價值（自由民主人權）也重要，不能任意犧牲。

到目前為止，他還滿硬頸的，除了不讓步、不屈服外，還揚言要去ＷＴＯ和中國打官司。並聲稱，澳洲有能力克服中國貿易制裁造成的經濟困難。

不過，他能硬頸多久？澳洲經濟能撐多久？很多人懷疑。我認為他可以撐滿久的。

經貿面，澳洲和台灣不同。兩國經濟都依賴中國，但台灣是製造業，尤其是高科技，大量移去中國，台灣經濟基礎被嚴重掏空。澳洲賣給中國的是生產資源、煤鐵礦、天然氣為主、農牧業產品為副。

以目前雙方貿易戰為例，澳洲出口三分之一去中國，但其中煤鐵礦、天然氣等約佔六成，中國壓制的農牧產品只約一成。對農牧民傷害很大，但對澳洲整體經濟影響不大。澳洲經濟雄厚，要支持受害的農牧業，還沒問題。

如果中國對澳洲的鐵礦等生產資源下手，對澳洲傷害就很大，但對中國經濟發展傷害也很大。沒有澳洲的生產資源，中國經濟崛起，沒那麼容易。

已有跡象顯示，中國發動的貿易戰，對兩國經濟都有傷害。習近平不要高興太早。莫里森還滿硬頸，滿有信心，沒有退讓的樣子。不過，最大不定變數，不是澳洲經濟，而是川普下台、拜登上台後美國的中國政策。拜登如改變川普政策，對中國妥協、讓步，莫里森要硬頸也難。

二〇二〇年十二月十一日

不是 Utopia
——地球村

人都一樣，不管黑白紅黃，基本人權價值，應該一樣，應該平等對待。人又不一樣，即使是雙胞胎，先天的DNA、後天的環境、成長過程不一樣。人不一樣，有個性，要求個人自由。

法國革命的理想世界是「自由、平等、博愛」。自由和平等有矛盾，用博愛來化解。那是不可能的任務。「博愛」非常吸引人，但常是民粹主義叫得最響亮、卻又被摧殘得最厲害的口號。人類有文字的歷史，兩、三千年來都在追求博愛的理想世界，都是緣木求魚、天方夜譚

兩千多年前，東方有「大同世界」（Great Harmony）、西方有「烏托邦」（Utopia）的構想。都論述得盡善盡美，但歷經數不盡的人事滄桑，宗教、種族、領土、資源、權勢、意識型態、帝國主義戰爭，殺得昏天暗地。血流成河，先哲建構的理想世界越看越天方夜譚、越緣木求魚。

我有客家人的「硬頸」、「叛骨」DNA、不信邪。我還是相信「天下為公、世界大同」、博愛的理想世界。

第一次世界大戰殺死了四千萬人。結果在美國、英國等民主國家推動下，成立了國際聯盟（League of Nations）。但接著爆發世界經濟大蕭條，讓極端種族、帝國主義的希特勒，民粹主義地侵略他國，導致第二次世界大戰，又殺死近八千萬人。

二戰後，同樣在美國、英國等民主國家推動下，成立聯合國，再度啟動全球化地球村的觀念。信息科技的第三次工業革命，把世界變得更小，加上風起雲湧的第三波民主化，地球村變成人類社會、文明發展的趨勢和願景。

但是，馬克思的共產主義，在列寧、史大林的共產黨專制興風作浪下，和美國為首的民主世界爭霸四十年，讓世界自由化、民主化的趨勢嚴重受阻。

中國天安門民主運動、東歐共產主義崩潰，卻又讓民主化、全球化的趨勢高漲，有二十年的情勢大好。但俄羅斯在普丁、中國在共產黨專制統治下，尤其是習近平的專制中國，利用西方開放的自由市場，國家資本主義地大肆發展經濟，國力大增，直逼、挑戰美國權勢超強地位。

廿一世紀開始，美中權勢平衡逆轉。新冷戰比舊冷戰更為嚴峻，民主全球化嚴厲受挫，國族主義如火燎原，燒遍美國和英國。英國的強生在勉強過半數的公投民意支持下退出歐盟，美國的川普在「美國再偉大」的民粹主義風雲下退出世界衛生組織、巴黎氣候變遷協定、UN的人權委員會。

新冷戰比舊冷戰更嚴峻

都是反全球化的大動作，傷害很大。歐盟是比聯合國還要成功削弱國族主義的區域整合國際組織。它立下了邁向民主全球化的標竿，讓其他區域整合、如東南亞國協、非洲聯盟、阿拉伯聯盟等有樣學樣，走向全球化的大道上。

君不見，強生大言不慚，不怕沒有和歐盟達成自由貿易協議的「裸退」（no deal Brexit），能嗎？不能。到頭來還是留下一大堆藕斷絲連的依賴關係。沒有歐盟的自由貿易市場、民主價值和國家安全聯盟，英國有什麼光明前途可言？沒有。

英國重返歐盟不是「if」（會不會），而是「when」（何時）的問題。

結合民主聯盟對抗中國霸權

川普的「America First」（美國第一）國族主義，也僅四年的曇花一現。有其一定的作為和貢獻。但美國要和中國爭霸，非領導多元的國際社會、民主聯盟，和習近平建構的「一帶一路」專制帝國，長期抗戰、生死決鬥不可。美國要領導台灣、澳洲、加拿大、日本、印度、歐盟、NATO（北大西洋公約組織）、東南亞國協、聯合國和其他多元國際組織，才能打贏這場人類文明的終極大戰。

二〇二〇年的武漢肺炎（COVID-19），不分種族、國界，一年不到、不發一顆子彈，就讓九千萬人受害，殺死了近兩百萬人。有了internet和i-Phone，我們瞬間就可以聯繫天涯海角的全人類。人類已可以飛去月亮和火星。世界已成沒有國界的地球村。我們還頑固不化，停留在十八世紀虛擬的國家主權至高無上的恐龍論述裡，我們人類除了自相殘殺外，有什麼光明前途？

我很理想、也很現實。現實地認識，自由民主與專制獨裁的文明衝突可能還要打個百年、千年的爛仗。但也理想地相信全球化的文明發展趨勢，也許進兩步退一步，但必然不停地前進、再前進。歷史終結，應該是自由民主人權的地球村。

當然，我在作夢。但人生有夢最美。

二〇二一年一月四日

有夢最美
——人民革命

這些日子，我非常悲哀，鬱卒，因為我的有夢最美，希望的人類民主願景看不到天光。

老毛的「槍杆子出政權」，說得很對。但他的槍杆子不能控制黨（政治），要黨控制軍，錯。

老毛一九三二年上井岡山，就是抓軍權，當黨的軍委主席，當到死。後來，老鄧一樣，當軍委主席當到死。屠殺天安門是他下令的。他們都比黨主席大。中國的軍隊不是國軍，是黨軍。國管不到軍，黨也管不到軍。

他們的黨軍加上共黨的嚴密控制機制，及高科技的廣泛運用，兩千年的中國專制文化和制度的洗腦，中國的民主化，五十年、一百年都恐怕看不到幾絲天亮。

最近，俄羅斯的反對領袖Alexei Navalny，沒被毒死，返國挑戰普丁，造成民主風潮，但普丁軍隊暴力鎮壓，一點不手軟。Navalny的挑戰本來看起來有點希望，但下場必然像一九八九年的天安門，慘敗。

我對學生吳新興說，翁山蘇姬在多年前是我最喜歡的人，這些年我不再喜歡她，這幾天我感覺她很可憐。她和軍頭妥協，討好習皇帝。結果她的民主緬甸還是悲劇下場。

環看印太地區的民主化，泰國一九七三年學生民主運動推翻軍政府，民主沒幾年軍頭政變，幾十年來歹戲拖棚一再爛戲重演。黃衫革命，被鎮壓。泰國民主化，不樂觀。不過，最近學生蠢蠢欲動，希望有好戲看。不過，我不看好。

香港民主化前途無望

香港的雨傘和反送中民主運動，搞得轟轟烈烈，但習皇帝一個國安法下令武力鎮壓，大抓民運人士。香港民主化前途無望。

東南亞三個共產主權國家，軍人專政，像迷你中國，看不到一點民主化的前景。

當然，我的悲觀過份一點，因為個人有夢最美，期望過高。其實，印太地區民主化還是有很多亮點。巴基斯坦曾經長期軍人專政，後來人民革命民主運動，把它推翻，建立民主，運作零零落落，但還順暢，前途有得看。印度繼承英國的法治和民主傳統，戰後獨立，民主化走得搖搖擺擺，但基本上步步前進，很有希望。說它是世界最大的民主國度，並不為過。

馬來西亞和新加坡，類似印度和巴基斯坦，英國殖民統治，戰後獨立，長期一黨專政。馬來西亞近年開始政黨輪替，民主前途應也不壞。新加坡的一黨專政，還要一段時間，但李顯龍後，李家王朝應會中斷，走上完整民主化，可以期待。

菲律賓和印尼，也都被人殖民統治，戰後獨立，但長期軍人專制，後來經過暴亂的人民革命，兩國走上民主化，現在都是鞏固的民主。雖仍經濟落後，但軍人發動軍變奪權的可能性不大。

最後，印太最耀眼的民主亮光，當然是日本、台灣和韓國。

日本軍國主義發動二戰，造成人類災難，但被美國兩顆原子彈炸得國破人亡，人類有史以來最大悲劇。戰後美國強迫民主化，有效、有成，變成印太最先、最成功的民主典範。

台灣民主名列前矛

台灣和韓國經過很像，戰後軍人長期專政，後來黨外運動、學生民運、人民革命，把軍政府推翻，導致非常成功的民主化。台灣已是名列前面的民主國家，揚名天下。

戰後，杭廷頓（Samuel Huntington）的第三波民主化很成功，而有福山（Francis Fukuyama）的歷史終結論。但兩者都曇花一現，廿一世紀後沒有第四波民主化。印太地區的民主化能否突破這個難關，有待觀察。

我有夢最美，還是相信會有一波一波的民主化，歷史終結。

緬甸，應該發動人民革命的了！

二〇二一年二月八日

台獨的障礙
——習皇帝、趙少康和小英

台灣目前不能獨立的最大障礙，當然是專制中國的習皇帝，第二是專制統治台灣半個世紀的國民黨（馬英九、連戰、趙少康），第三是要維持中華民國台灣現狀的小英，第四是台灣人民，第五是支持台灣的民主朋友、美國、日本等國。

中國是台灣的敵國，習皇帝是台灣的致命敵人。他要武力打台灣、暴力併吞台灣。國民黨和趙少康是要和中國統一的大一統的中國派。他們虛擬的中華民國包括蒙古。他們的台灣是那個虛擬的中華民國的一部份，看法和習皇帝一樣。他們不認定台灣是主權獨立的國家。

他們認為台獨是叛國。他們寧願投降中國，讓中國統一，也不願看到台灣獨立，和美國、日本等成為民主盟邦。

他們在台灣近八十年，仍不認同台灣主權獨立，還越來越變成台灣的敵人，要出賣台灣。

所以，這次趙少康權力復辟，要重掌國民黨大權，選二〇二四年的台灣總統，明目張膽，實在讓人傻眼、驚呆。他成功，就是台灣國家滅亡的日子。

小英英勇堅強，維持中華民國台灣主權獨立，富國強國，抗拒中國統一。非常成功、令人欽佩。但是她小心謹慎，不碰台獨議程，不去中國化、去國民黨化，連中正堂都搞不定，更不要說華航變台航了。她不大力剷除國民黨的大一統的毒素，讓國民黨、趙少康繼續囂張、壯大，作怪、作亂，危害台灣獨立建國，台獨前途看不到天光。

小英該當何罪？

台灣人民被國民黨大中國主義洗腦半個世紀，一大堆呆胞。怕死，怕中國，要維持偷安旦夕的苟活生涯。雖有百分之八十的台灣人不認為自己是中國人，但願、敢為台灣主權獨立和中國一戰的，恐怕不到一半。還一半支持國民黨，讓國民黨掌握台灣龐大資源、地方政府、惡勢力，為非作歹，出賣台灣。

至於美國、日本等民主朋友。雖民主價值相同，但要他們賣命為台灣和中國一戰，當然強人所難。何況，那是台灣要自尊、自強、自助，人家才會尊你、助你的天大事。只要我們站在歷史對的一邊，做得對、做得好，世界局勢對我們好，他們武力協防台灣，和中國一戰的可能性，很大。

何況，美國和日本與中國有文明衝突、世界權勢之爭，台灣地緣戰略價值重要，處第一島鏈樞紐地位，要制衡習皇帝的侵略，美國和日本需要台灣，非保衛台灣不可。

趙少康本應被掃入歷史灰燼，二〇二四年還要讓他選台灣總統，小英不盡一切民主力量，把他和國民黨壓抑、消除，台灣會有光明前途？

再問一次，如是，讓國民黨奪回政權，趙少康選上總統，出賣台灣，小英該當何罪？

二〇二一年二月十七日

不是忠誠的反對黨
——會出賣台灣的趙少康

馬英九是聞名天下的「笨瓜」（bumbler）。他有哈佛大學的國際關係博士學位，卻看不清楚目前國際政治的現實和發展趨勢。沒有世界文明、人類價值歷史正確的觀念和心態，站在歷史錯誤的一邊。

他八年總統把台灣變成隨時可能被中國併吞的中國的一部分。他得意洋洋，說他八年總統中國沒打台灣。那，阿輝伯十二年當總統走「兩國論」、阿扁八年「一邊一國」的台獨路，中國沒有武力犯台。小英快五年總統，也走維持「中華民國台灣」台灣主權獨立的台獨路，中國也沒打台灣。小英還把台灣變得更富國強兵，有力、堅強抗拒中國的文攻武嚇。

馬英九的八年總統，認為美國不會武力協防台灣，開戰就是終戰，台灣必然投降。他經濟越來越依賴中國，軍事越來越遠離美國民主聯盟，不買先進武器。台灣變成等死的國度。

不過，我一向看扁馬英九，認為他有心卻無能、無力出賣台灣。他已被台灣人看破手腳，國民黨都不再要他，他要選二〇二四年門都沒有。夫人周美清罵他「奇怪耶，你！」《The Economist》罵他「bumbler」，名副其實。

趙是可能危害台灣主權的危險人物

趙少康和他的價值觀、世界觀、美中台關係看法一樣，是大統派。但他雄才大略、敢作敢為，有能力、有勇氣出賣台灣。他是可能危害台灣國家主權最危險的人物。

一九九三年他就因為反對阿輝伯的台獨，造反脫離國民黨，成立新黨，掀起風浪。他花一億台幣，就強勢取得十幾億財產的中廣。馬英九不賣中廣給願意出價十四億、也是統派的台灣人高育仁。彰顯馬英九的軟弱無能、趙少康的強勢霸道。

離開國民黨快二十年了，他說要回去國民黨，而且擺明要國民黨為他修法，讓他選二〇二四年的總統。台灣人的黨主席江啟臣馬上配合，說他不選二〇二四，要作「造王者」。真是丟盡台灣人的顏面。

他還大言不慚，硬拗說，他是要領導國民黨做忠誠的反對黨，維護台灣的民主政治。

民主政治當然要有忠誠的反對黨，但國民黨的忠誠在中國，不在台灣，不可能是台灣的忠誠反對黨。有種，趙少康應該回去中國當習近平的忠誠反對黨。

國民黨在台灣專制五十年，趙少康是幫兇。共產黨在中國專制六十年，他沒大聲反對、反抗，還要和中共政權統一，遠離民主美國。他的「忠誠反對黨」根本是胡謅亂道。

如是霸道、霸言、霸行的趙少康，卻有能力、勇氣出賣台灣。令人觸目驚心。但真的能嗎？當然沒那麼簡單。他不是朱元璋，更不是毛澤東。今日民主台灣不是專制中國，今日世界更不是昨日世界。

最重要的是，台灣人民二〇二四不會選他當總統，讓他出賣台灣。台灣是美國、日本、澳洲等民主國家的重要戰略利益所在，也不會輕易讓他出賣台灣。

今天是二二八，病中塗鴉紀念。

二〇二一年二月二十八日

附錄一　邱垂亮教授年表

林月琴　整理

年代	年歲	生平大事
一九三八	〇至一	邱垂亮，外號OM或亮公[1]，三月二十七日出生於苗栗縣公館鄉出磺坑，亞洲第一口油井所在地，要用「地軌纜車」才能到達的深山中。父親邱登松，在石油公司苗栗出磺坑礦場當電工。母親邱張新接。在家中排行老二、大哥垂炳、老三勝男、大妹淑紅、老四垂正、二妹淑貞、老么垂聖。
一九四〇－一九四四	二至六	二戰期間，父親被派去南洋開採石油五年。一九四四，就讀出磺坑開礦國小一年級，但經常為了躲空襲而無法念書。

年代	年歲	生平大事
一九四五	七	戰後，父親返台，繼續服務石油公司當電工領班，被派去台南東山牛山礦場，舉家遷往台南牛山[2]，正式開始就讀牛山礦場附屬的「普育」小學一年級。父親一輩子都當電工，因省籍關係無法升遷，OM也因家貧，目睹公司裡二二八事件，從年少時就感覺社會不公平、沒正義，孕育了他叛逆、憂鬱，同時也努力向上，想衝破不公不義與貧窮的性格。出生成長在深山中，養成他一生愛山、愛水、愛自然的天性。
一九四六－一九五〇	八至十二	二年級班導師董國英，剛從北平師範學校畢業隻身來台，當了他五年班導師，也是他一生念念不忘煎蔥油餅給他吃的恩師。
一九五一	十三	小學第一名畢業。因石油公司在新營天然氣充填站，有學生宿舍可住，他就近考上新營中學初中部。數學老師林振木好意提供免費補習，但沒有接受。
一九五四	十六	放棄直升新營高中，考取嘉義中學高中部。高二時，有一位作家女老師的鼓勵讓他自命不凡，想當文豪，放棄了成績也不錯的數理。

年代	年歲	生平大事
一九五七	十九	以全校第七名自嘉中畢業，放棄保送成功大學企管系[3]，參加聯考以第一志願考上台大外文系[4]。就讀期間，師從殷海光邏輯、曾約農散文、俞大綵翻譯、也選讀國際關係等課程。開始關注國際媒體的報導，對國際政治越來越有興趣。
一九五八－一九五九	二十至二十一	在一個天高氣爽的秋夜，在螢橋下[5]淡水河岸的迎新晚會，經由室友陳家明（林月琴同班班長）的介紹初遇月琴。之後和家明一起到台大第一女生宿舍邀請出遊碧潭划船、看電影，幾次都被婉拒。
一九六〇	二十二	七月十二日，在台中成功嶺受訓，寄出第一封「不是浮世的『追』」，而只是想談談音樂、文學的信給MH[6]，但信中卻讓MH覺得「怎一個『愁』字了得」。為了不使一個年輕人自毀前程，她回了一封鼓勵他的信，從此開始了OM漫長的文字攻勢。
一九六一	二十三	六月，台大外文系畢業。到澎湖服預官役，他開始每天日記式的寄一封限時專送給MH。一年後，移防台南新化，擔任排長，受訓雖苦，但還滿喜歡那段翻山越嶺的日子。

年代	年歲	生平大事
一九六二	二十四	寫信給新竹中學校長辛志平求職，退伍後即到竹中就職一年，以全英語教學，甚得辛校長肯定。
一九六三	二十五	四月，竹中派他去師大英語教學中心學習新式教學法兩個月。但因準備出國留學，沒再接竹中聘書，他覺得很對不起辛校長。 八月十一日，出國前與認識已五年的月琴訂婚。本預備一起出國，但她體檢沒通過，晚了五個月才走。 九月十六日，到加州聖地亞哥州立大學（San Diego State University，簡稱ＳＤＳＵ）[7]教育研究所，但註冊時察覺課程沒興趣，想轉念國際關係，很幸運地得到Dean of Graduate Studies, Dr Maurice Lemme會談後同意，和兩位註冊組的女士Mrs Cameron & Mrs Nelson的幫忙得以順利轉到政治系，以戰略理論研究中國外交政策。一個月後在聖地亞哥海邊Tom Lai餐廳找到工作，開始打工留學生涯。
一九六四	二十六	二月，月琴終於拿到簽證。為了與他會合，她放棄北卡羅來納大學教堂山校區（*University of North Carolina at Chapel Hill*）的免學費獎學金。ＳＤＳＵ沒圖書館學系，為應付移民局，只得在ＳＤＳＵ選兩科跟圖書館學相關的科系。

年代	年歲	生平大事
		三月二十二日，復活節假期時在San Diego Presbyterian Church結婚。 十一月十日，逸雲（Grace）在San Diego Mercy Hospital出生。
一九六五	二十七	一月，月琴以ＳＤＳＵ都拿Ａ的成績，申請到天主教會聖地亞哥大學女子學院（*University of San* Diego for Women）圖書館的工作。OM減少在Tom Lai餐廳打工的時數，完成研究中國外交政策的碩士論文*Risk-Taking in Chinese Communist Foreign Policy: 1949-65*。
一九六六	二十八	一月，獲碩士學位。因一九六〇年代ＳＤＳＵ和成立沒幾年的加州大學聖地亞哥分校（University of California, San Diego）都還沒有政治系博士課程，經由碩士指導老師Gripp教授與韓裔康泰鎮教授推薦，申請到離聖地亞哥不遠的加州大學河濱分校（University of California, Riverside，簡稱UCR or UC Riverside）[8]政治系博士班，主要指導教授Dr Ronald Chilcote。 六月，月琴申請到美國圖書館協會認證的南加州大學（University of Southern California, Los Angeles，簡稱ＵＳＣ）圖書館學系。她辭去聖地亞哥的工作，舉家遷居ＵＳＣ旁，與阮大年比鄰而居[9]。月

年代	年歲	生平大事
		琴計劃在一年內趕完碩士課程，同時忙於USC圖書館打工，阮夫人偶爾會幫忙照顧小雲。 這一年他暫停博士課程，全職打工賺生活學雜費。
一九六七	二十九	八月，月琴拿到碩士，三個工作等著她，最後決定去橘鎮（Orange County）的加州州立大學富爾頓校區（California State University, Fullerton，簡稱CSU, Fullerton）。因此遷往Anaheim，位居迪士尼樂園附近。那些年有親友來訪，必遊迪士尼樂園。 除了送報，他辭去所有的工作專心念書寫論文。Anaheim離UCLA和UCR差不多等距，要去找資料或上課都比較方便。
一九七〇	三十二	一月，月琴七十五歲的爸爸有生以來首度遠渡重洋來美[10]。 五月，帶著爸爸，全家四口暢遊美西，從亞利桑那州沙漠往北走經大峽谷、拉斯維加斯、優勝美地國家公園（Yosemite National Park）、舊金山、北加州沙斯塔山（Mt. Shasta）到西雅圖，玩得不亦樂乎。 六月，月琴爸爸返回台灣，去苗栗親家問候，始得知大哥垂炳

年代	年歲	生平大事
		往生，享年才三十四歲。自一九六三年來美後，他第一次流下眼淚。 年底博士論文通過[11]：*Ideology and Political Power in Mao Tse-tung's Cultural Revolution, 1965-1968.*
一九七一	三十三	一月，月琴拿到CSU, Fullerton的終身教職。 三月，獲政治學博士學位。考慮氣候與健康的因素，棄芝加哥羅斯福大學，選擇澳洲昆士蘭大學（University of Queensland，簡稱昆大或ＵＱ）就職。 四月三日，飛往日本、台灣訪友省親後，十四日經香港轉往澳洲布里斯本（Brisbane簡稱布市），執教於ＵＱ政府系（Government Department）。 六月，月琴向CSU, Fullerton申請留職停薪一年，告別住了七年多的南加州，帶著小雲經夏威夷、東京、大阪、台灣、香港至布市會合，並在ＵＱ圖書館任職，直到二〇〇二年退休。

年代	年歲	生平大事
一九七二	三十四	七月，回台灣參加第一屆「國建會」。之前周恩來透過中澳協會邀請台籍學者去中國訪問，他因已經接受「國建會」邀請而拒絕。 十二月十五日，一家三口回台省親。 十二月二十一日，澳洲和中國建交，與台灣斷交。 被最後一任台灣駐澳洲大使沈錡推薦為僑選立委，未當選。年底接到時任行政院院長蔣經國致海外學人新春掛號賀函。 獲選為昆士蘭華僑社（Chinese Club of Queensland）[12]負責文教的理事。
一九七三	三十五	周恩來再度邀請出席中國「十一國慶」，他不願去，因此失去會見周恩來機會。一九七四以後四人幫對他這個「走資派」就沒興趣邀請了。 獲UQ終身教職，入籍澳洲。 十二月三十日，亮人（Leon）在Royal Brisbane and Women's Hospital出生。

年代	年歲	生平大事
一九七四	三十六	一月二十六日，澳洲國慶日，亮人還沒滿月，布城連下了一星期暴雨，發生百年來最大水災[13]。 第一本英文著作*Maoism in Action: The Cultural Revolution*出版。（昆士蘭大學和紐約Crane, Russak & Co.）
一九七五	三十七	二月六日，素瑾（Sue）在Brisbane Mater Private Hospital出生。早產兩個月，生下來五天就轉院開刀。 十一至十二月在《台灣政論》第五期發表〈兩種心向〉一文，被台北市新聞處指為涉嫌煽動叛亂，導致雜誌被停刊，[14]自己也成為黑名單。
一九七六	三十八	一月十三日，由系主任和同事陪同回台，在松山機場被擋，無法入關。經幾個小時的談判後被禁止入境，同事也不願多停留，三人都被遣返香港。 四月，第一本中文著作《民主政治與台灣前途》出版。（香港，自聯出版社）
一九七七	三十九	七月，利用UQ休假（Sabbatical leave）一年，在新加坡、香港、東京停留一個月。南洋大學[15]吳德耀校長邀請他去演講，講題

年代	年歲	生平大事
		是中國的外交問題，反應不錯，學生提問很熱烈。在香港接受*South China Morning Post*訪問，談論台灣問題、〈兩種心向〉出事經過，和中美建交後台灣的前途。 八月，擔任史丹佛大學胡佛研究所客座研究員。 八月底，月琴帶著三個孩子來到舊金山會合。在史丹佛大學附近San Carlos租房。他去胡佛研究所方便，逸雲上初中，晚上月琴也在史大選讀一堂日文課。[16]
一九七八	四十	一月，因素瑾健康因素，月琴又帶著三個孩子提前返回布里斯本。 二月一日，OM離開San Carlos南下，在UC Santa Barbara白先勇家談到凌晨兩點，回憶離開台大已十七年的同學，感慨良多。 二月三日，到聖地亞哥和好友Darby（Darb），加大博士班的同學McKenzie，SDSU、UC Riverside的指導教授Dr Gripp和Dr Chilcote聯絡上。他們都請他去授課兩三週。 三月九日，北上回Palo Alto，與同在Stanford客座的林鐘雄教授會合。十三日兩人南下聖地亞哥，然後向東經過Arizona沙漠荒山，

年代	年歲	生平大事
		十五日晚到Phoenix過夜，之後駕駛二千公里，十七日晚趕到Houston。去NASA參觀，他非常驚異美國太空探索成就，覺得世界其他國家難以追上。在兩個多月的時間，他從加州北到南跑了兩趟，從西到東橫過美國南部，再從南到北部的紐約市與波士頓，最後返回洛杉磯，回台灣。[17] 四月，經革命實踐研究院主任李煥協調，在《台灣政論》事件後首次返台，但仍舊在黑名單內，以後幾年每次回台都得經過特准。
一九七九	四十一	六月初，月琴帶著素瑾回台探視病重的爸爸。二十日爸爸仙逝，享年八十五歲。 十二月，搬家到UQ大學區St Lucia。就在大學旁，從此不需擠高速公路上班，以後也搬了幾次家都沒離開St Lucia。
一九八〇	四十二	經過文化大革命與四人幫的「十年浩劫」，一九八〇年聖誕節時首次被允許到中國研究訪問一個月。在北京參觀故宮、頤和園、天壇、北海公園、長城、十三陵、北京大學等地。
		此後到一九八八年之間多次去中國社會科學院、北京大學、中國

年代	年歲	生平大事
		人民大學、上海復旦大學、武漢大學和杭州大學訪問交流，講述西方民主化理論、台灣民主化經驗、台海兩岸關係、澳大利亞政治。但一九八九年發生六四天安門大屠殺（Tiananmen Square Massacre），他非常失望、難過，以後他再也不想踏上中國土地。
一九八一	四十三	一月七日，離開北京，坐火車經華北到華中，到南京、蘇州、杭州、上海走了一圈。看了很多，感想也很多。這次的遊記〈叟思中國〉收錄在香港與台灣出版的《亞洲的政治文化——日本、台灣與中國》。 一月十五日，從上海飛香港，在香港中文大學、浸會大學、《中報》雜誌社演講與座談。二月七日回澳洲。 三月，擔任昆士蘭華語廣播協會（Chinese Ethnic Broadcasting Association of Queensland暨Radio 4EB FM 98.1）[18]的會長、新聞撰稿人與中文組節目導播。月琴也參與節目的製作與播音工作，一直到一九八五年才離開。

年代	年歲	生平大事
		四月二十五日，父親仙逝，享年七十二歲。他無法回台奔喪，隔年忌日寫詩〈為兒子提行李的爸爸〉表達懷念之情。
一九八二	四十四	十二月，澳洲暑假，全家飛往亞洲旅行。[19] 十二月十二日，他的台灣簽證沒下來，轉往新加坡、馬來西亞和泰國。月琴則帶著三個孩子先回台灣。[20]
一九八三	四十五	號召台灣來的同鄉成立了「台灣友誼協會」（Taiwan Friendship Association of Queensland Inc. 簡稱ＴＦＡＱ），並擔任會長（一九八三～一九八九）。一九八九年向澳洲政府登記成法人團體，二○○二年為了跟世界其他同鄉會接軌，改名為「澳洲昆士蘭台灣同鄉會」。英文名字從一九八三年沿用至今沒變。 一月十一日，月琴和孩子經香港返澳洲。ＯＭ則轉往東京參加日中經濟協會研討會，講題「中国・日本をとりまく政治状況」。以及由共同社與ＴＢＳ Japan主辦的以「台灣問題」為主的座談會。 三月，第二次到中國訪問旅行，一個多月中在北京、四川、武漢和復旦四個大學演講。爬成都青城山，與美國密西根大學哲學系

年代	年歲	生平大事
		教授Carl Cohen一起遊長江三峽，兩個學者他鄉相遇，相談甚歡。 四月三十日，終於獲得回台簽證，由政大國際關係研究中心（國關中心）聯絡組組長林碧炤去中正機場接機。在台停留一個半月，會見中山大學和淡江大學校長李煥與張建邦，並在國關中心、淡江大陸研究所作了多場「中國大陸之行」、「日本政治文化的變遷」的座談。 八月，參加北京香山第一次「台灣之將來」研討會並發表論文〈一九八三年台灣黨外的路線鬥爭〉。會議論文專集由中國社科院出版。 寫詩〈加可蘭達之歌〉，由符任之作曲，張卡斯獨唱，香港聯合音樂院主辦「香港作曲家新作品音樂會」發表[21]。
一九八四	四十六	六月十六日，母親仙逝，享年六十九歲。本預備回去看病重的母親，卻因簽證拖延變成回家送葬，又是黑名單惹的禍。 十一月，出版《亞洲的政治文化——日本、台灣與中國》（香港，臻善文化事業公司）。

年代	年歲	生平大事
一九八五	四十七	一月，和月琴帶著素瑾旅遊北京、西安、上海、蘇州、杭州、廈門與鼓浪嶼。 八月，參加廈門鼓浪嶼第二次「台灣之將來」研討會並發表論文〈中國統一問題的困結、涓水、死水和新機〉。會議論文專集由中國社科院出版。 十二月二十七至二十九日，應邀參加聯合報系在「南園」召開「國家未來十年發展的探討」研討會。所有海內外三十七位參與的學者，不論左、中、右，討論結果一致認為，台灣只有朝更自由、民主開放化、更多元化、更動態化、更人文化，才可能成為中共的「競爭者」。
一九八六	四十八	應聘為國立政治大學國際關係研究中心客座研究員。 開始替高雄《民衆日報》撰寫專欄。 參加第八屆亞洲研究國際會議（the Eighth International Conference on Asian Studies, 1986）發表論文〈In Need of Modernization: China's Political Science〉. Proceedings were published by Hong Kong Asian Research Service, 1987.

年代	年歲	生平大事
一九八七	四十九	一月，全家五人經過新加坡、台灣遊東京（迪士尼樂園）、輕井澤玩雪、看古都京都、奈良、大阪。 創辦《華聲報》，並撰寫專欄。 參與加州中國民主教育基金會一九八七年傑出民主人士評選。
一九八八	五十	六月，參加《中國時報》舉辦「迎接討戰開創新政」研討會。二日，總統李登輝接見參與研討會的十六位海外學人。 七月，獲聘為北京大學當代中國社會發展研究中心特約研究員。 八月，參加在新英格蘭大學（University of New England）召開的澳洲政治學會年會。之後，開車八個小時趕去雪梨主持《華聲報》和澳洲華裔相濟會主辦的方勵之來澳洲巡迴演講會。 八月，出版《民主台灣與中國——政治批判》（台北：敦理出版社），並以此書獻給他的父親和母親。 八月，再度出版《亞洲的政治文化——日本、台灣與中國》（台北，前進出版社）。 十二月二十六日，回台參加聯合報系南園開的「海峽兩岸的社會文化變遷」研討會。發表論文〈迷失的民主之路：處於十字路口

年代	年歲	生平大事
		的中國共產主義〉收錄在《中國論壇》（總編輯：蔡詩萍。台北市：中國論壇社。第三一九期，一九八九年，頁七十一至八十二）。三十一日住入圓山參加二十一世紀基金會的「大陸政策」會議，當天李登輝總統接見與會代表。
一九八九	五十一	年初一連串參加或主持亞洲與世界社、國關中心與台北和高雄的研討座談會，並且幫忙康寧祥立委創辦《首都早報》的工作。 一月二十至二十一日，參加「邁向太平洋共同體」研討會。發表論文 "Balance of Power: the PRC in the Pacific" 收錄在 *From Pacific Region toward Pacific Community* (Taipei, Center of Area Studies, Tamkang University, 1989. pp. 127-136). 十月，《台灣與中國——走上不同政治路》（台北：前衛出版社）。 擔任淡江大學日本研究所客座教授，一九八九至一九九〇年。 擔任台北《首都早報》主筆與總主筆，一九八九至一九九〇年。

年代	年歲	生平大事
		擔任由長榮集團張榮發創辦，張瑞猛當執行長的國家政策研究中心客座研究員，參與台灣憲政改革研究，一九八九至一九九〇年。
一九九〇	五十二	年初，陪同加州SDSU碩士指導老師Dr Gripp來台觀選，一起為民進黨上台助選，老師也因此被列為黑名單，好久不能再去台灣。 三月，參與「野百合學運」，目睹學運提出「解散國民大會」、「廢除臨時條款」、「召開國是會議」、以及「政經改革時間表」四大訴求。 六至七月，出席由李登輝總統召開的「國是會議」，[22]UQ發出訪問他的新聞稿，登上澳洲銷路最大的《澳洲人》（*The Australian*）與昆士蘭最大報*Sunday Sun*。 八月二十日，參加澳洲國立大學（Australian National University, ANU）主辦Workshop on Taiwan in the 1990s', presented a paper <Democratizing Taiwan: the 1990 National Affairs Conference>。收錄在*Modern Taiwan in the*

年代	年歲	生平大事
		1990s / Gary Klintworth, Editor. (Canberra, Strategic & Defence Studies Centre, Australian National University, 1991). 十二月廿二日，加大博士指導老師Chilcote與師母來澳洲旅遊。[23]
一九九一	五十三	當選昆士蘭華人教授協會（Queensland Chinese Professors' Association，簡稱ＱＣＰＡ）[24]的創會會長（一九九一至一九九三）。 三月，參加傑出民主人士頒獎典禮與柏克萊加大中國研究中心演講。 四月一日，回台參加國策中心與《台灣時報》合辦座談會，主題「兩岸關係之最新發展」。 六月四日，與加州中國民主教育基金會創辦人黃雨川一起發起「民為邦本，人為國基」六四事件兩周年紀念活動，世界華人學者共同呼籲中共釋放政治犯，參與簽署者有余英時、夏志清等，在澳洲、歐洲、美、加各地同日刊出。 十月，去舊金山參加第二屆「人權與法制」會議。

年代	年歲	生平大事
一九九二	五十四	六月，和月琴帶著素瑾飛倫敦，與在英國工作的逸雲和Michael會合，一起遊英倫與歐洲。 七月，獲頒拿破崙學術傑出成就獎（Courvoisier Awards for Excellence, Academic）。
一九九三	五十五	英文專著*Democratizing China and Taiwan: Cultural and Institutional Paradigms*由澳洲國立大學出版。 創辦台灣在澳協會（Taiwan Institute in Australia，簡稱ＴＩＡ），並擔任會長（一九九三至二〇二一年）。主旨：推動台灣與澳洲學術交流，舉辦學術會議，推展台灣國際地位。 八月，參加民主進步黨一九九三國際會議，提升台灣國際地位，進軍聯合國。 膺任國科會客座研究教授（一九九三至一九九四年）。 擔任淡江大學大陸研究所客座教授（一九九三至一九九四年）。
一九九四	五十六	擔任僑務委員（一九九四至二〇〇〇年）。 三月二十一日，飛舊金山參加中國民主教育基金會論壇，在UC Berkeley中國研究中心演講「Cultural and Institutional Democratization:

年代	年歲	生平大事
		China and Taiwan」。二十三日，在*Stanford*參加台灣同鄉會座談與活動。 六月，再度聯署由加州中國民主教育基金會創辦人黃雨川發起的「全球華人關注中國人權呼籲書」。 九月初，赴紐西蘭奧克蘭，參加第十八屆大洋洲華僑團體聯合會。十月七日，TIA與雪梨、墨爾本同鄉會在《澳洲人》登大廣告「We Support Taiwan's Application for U.N. Membership」（支持台灣申請為聯合國會員國）。除了廣告外《澳洲人》回報以五頁大版面推介台灣政經成就。 十一月二十八日，回台灣參加僑務委員會會議。
一九九五	五十七	出版英文著作*Democratizing Oriental Despotism: China from 4 May 1919 to 4 June 1989 and Taiwan from 28 February 1947 to 28 June 1990*（New York, St. Martin's Press; London, Macmillan Press.) 四月十四日，回台參加《自由時報》與中央研究院台灣史研究所主辦的「馬關條約一百年台灣命運的回顧與展望國際學術研討會」（International Conference on Searching Taiwan's New Identity: In

年代	年歲	生平大事
		Commemoration of the Shimonoseki Treaty），發表論文〈制度民主化的挺進：台灣政治發展一百年——從歷史角度看政治新動向〉。 五月二十二日，參加台灣新聞局在雪梨科技大學召開的第一次「台灣趨勢」（Taiwan Update），由國際研究與教育學院 David Goodman主辦。二十三日發表論文“Taiwan's International Relations”。 八月二十七日，聯合布里斯本、雪梨、墨爾本、坎培拉、西澳同鄉會籌組澳洲台僑團體聯合會（Australian Federation of Taiwanese Associations, 簡稱AFTA）。 十月二十一日，回台灣參加僑務委員會會議。
一九九六	五十八	二月二十日，發起成立總統大選彭明敏教授後援會。二十四日舉行鄉土音樂會，同時演講台灣總統選情分析。發動ＴＩＡ同仁籌了一筆競選經費回台助選，打一場雖敗猶榮的選戰。 三月八日，因中共試射飛彈，在《澳洲人》登廣告「China Is at It Again」，並在澳洲《自立快報》寫評論〈專制中國威脅民主台灣〉。

年代	年歲	生平大事
		五月七至八日，參加澳洲國立大學在堪培拉召開的「台灣趨勢一九九六——台灣的政治動力和台灣前途的戰略基礎」（Taiwan Update 1996）國際學術研討會。過程在《九十年代》發表〈中美第二次戰爭？——台美中三角關係〉。 十一月一日，返台參加僑務委員會會議十七日回澳洲。 十二月七日，再度返台參加台灣國發會的「兩岸關係與國家安全」會議，擔任主席和特約評論人。
一九九七	五十九	五月十七至十八日，參加「亞太公共事務論壇」（簡稱APPAF）。APPAF 1997 International Conference “Bridging Culture, Building Partnership: The Future of Asia Pacific Societies” Proceedings, May 17-18, 1997, Kaohsiung, Taiwan. Host: Asia Pacific Public Affairs Forum「亞太公共事務論壇」。 七月，參加匈牙利布達佩斯亞非學會年會，發表論文“Democratizing Taiwan: Struggling Judicial Independence”。會前遊巴黎，並在巴黎文教中心演講「台灣民主化與中台關係」。

年代	年歲	生平大事
		八月十四至十五日，參加TIA與UQ政治系召開的「台灣趨勢一九九七——台、港、中關係」（Taiwan Update 1997）國際學術研討會。研討會中文集錦由邱垂亮選譯，布市台灣在澳協會，一九九八出版。英文論文集由邱垂亮和廖良浩編輯，英國Ashgate，一九九九出版。 九月，慶祝布里斯本與高雄締盟姐妹市，兩市市長Jim Soorley和吳敦義邀宴上致辭。 十一月十三日，返台參加僑務委員會會議。之後參與十一月二十九日投票的縣市長選舉助選活動。 十二月二日，回澳洲。
一九九八	六十	八月九日，參加「亞太公共事務論壇」，TIA和UQ政治系一起召開的APPAF Regional Forum: Australia's One Nation Party and Its Impact on Global Civil Society, 9 August, 1998, Brisbane, Australia. Host: Asia Pacific Public Affairs Forum「亞太公共事務論壇」，Taiwan Institute in Australia, Dept. of Government, University of Queensland.

年代	年歲	生平大事
		《台灣趨勢一九九七——台、港、中關係：論文集錦》（Taiwan Update 1997: Taiwan - Hong Kong - China Relations, a Summary of the Papers）／邱垂亮編譯，台灣在澳協會出版，一九九八。 被澳洲共和國運動提名競賽一九九九年憲法會議代表候選人，以審議澳大利亞是否應成為共和國，投票結果共和國運動沒有成功。 十一月一日，回台參加國際文化基金會，施正鋒主持「Taiwan Relations Act-20 years」座談會。十七日，參加僑務委員會會議，會見李登輝和拜訪外交部。 十二月一日，回澳洲。
一九九九	六十一	「台灣趨勢一九九七」英文版*Uncertain Future: Taiwan-Hong Kong-China relations after Hong Kong's return to Chinese sovereignty* edited by C.L. Chiou, Leong Liew (Aldershot, England, Ashgate, 1999). 二月二日，參加「一九九九亞太城市峰會暨市長論壇」（Asia Pacific Cities Summit and Mayors' Forum）。

年代	年歲	生平大事
		二月二十五至二十六日，赴墨爾本參加家博教授（Bruce Jacobs）「Taiwan Update 1999-Taiwan Faces the 21st Century」論壇，發表論文〈Growing Pains in Consolidating Taiwanese Democracy〉這是第四次開的論壇，參加的人不多，但論文素質蠻高的。他有感而發寫了一篇〈台灣研究在澳洲〉呼籲這樣的台灣研究會議在澳洲應該繼續播種下去，才能在澳洲學術界佔一席之地。 五月一日，參加阿扁之友會成立大會。 七月九日，飛往奧克蘭參加二十三屆大洋洲華僑團體年會。 九月，率領UQ女子划船隊參加一九九九年宜蘭國際名校划船賽。 十月十日，發起「台灣九二一大地震布里斯本賑災募款」活動，募得二十八萬六千澳幣。 十月十三日，飛雪梨在University of New South Wales, Formosa Ideology & Culture Club演講。 十一月十日，回台參加僑務委員會會議。

年代	年歲	生平大事
		十二月十九日，參加在布里斯本召開的亞太自由與民主聯盟（Asian Pacific League for Freedom and Democracy，簡稱亞盟，APLFD）會議。
二〇〇〇	六十二	二至三月，OM又當民進黨總統候選人阿扁（陳水扁）的後援會布市分會會長，幫忙募款，三月十四日領隊回台助選。阿扁選勝，政黨輪替，國民黨下台。 三月三十日，總統大選後被新聞局邀請赴雪梨、坎培拉和新加坡大學參加學術座談，並與媒體和政府官員會談，說明台灣選舉結果和選後政治發展。 多年來擔任英國BBC、澳洲ABC和新加坡電視台評論員，評論亞洲政治。 五月一日，赴曼谷參加第八屆太平洋盆地金融、經濟、會計和管理年會（8th Pacific Basin Finance, Economics, Accounting and Management Conference）。發表有關「台灣民主化」的論文，並主持「Post-Asian Crisis」的討論會。

年代	年歲	生平大事
		十月十日，TIA在《澳洲人》登廣告「Give Taiwan a Fair Go」，呼籲澳洲政府合理對待台灣，不要反對台灣獨立、讓台灣進入UN與不要不讓台灣部長訪問澳洲。 十一月十七至十八日，因為藍營利用反核爭議發動罷免阿扁運動，由TIA和AFTA在澳洲發動反罷免運動，在《自立晚報》、《台灣日報》、《自由時報》刊登廣告呼籲「為了國家前途與社會安定，請立即停止罷免活動」。
二〇〇一	六十三	擔任僑務諮詢委員，二〇〇一—— 擔任外交部諮詢委員，二〇〇一—— 入選第四屆傑出嘉義中學名人錄。 一月二十七日參加Griffith大學的workshop on「Nationalism in China and Taiwan」發表論文〈Taiwan's Evolving Nationalism: Ideology for Independence〉. 四月十一日，與MH飛洛杉磯，王景聰醫師接機，訪《太平洋時報》，北美衛視，台灣會館，Occidental College參加座談，談美國EP-3偵察機在南中國海與中國戰機擦撞迫降後的中美關係。會後，

年代	年歲	生平大事
		由王醫師駕車到聖地亞哥探視Gripp老師、好友Darb及 McKenzie，致贈阿扁選總統紀念金幣給老師，感謝他多年來對台灣民主化的支持。 四月十九日，飛去St. Louis出席「美、中、台關係學術研討會」（University of Missouri Conference on US-China-Taiwan），和David Lampton (John Hopkins University), John F Cooper (Rhodes College) 等教授發表論文。 六月，TIA和AFTA動員二十二位僑界領袖去坎培拉和澳洲朝野國會議員會談，做遊說工作，加強台澳關係。 九月十一日，回台應聘淡江大學東南亞研究所客座教授，任期二〇〇一至二〇〇四，期間主持宏觀電視的「心繫台灣」與英文的時事評論節目「Face-to-Face」，也應邀上民視、華視、東森、TBVS等談論時事的節目。 十月十日，代表台僑在國慶大會演說。之後應呂副總統之邀請籌備行動智庫「台灣心會」，十月二十五日成立大會。

年代	年歲	生平大事
		十一月十日，澳洲國會大選，動員TIA出錢出力，支持友台的國家黨候選人Ron Boswell，打贏種族主義者Pauline Hanson。
二〇〇二	六十四	一月一日，台灣加入世界貿易組織（WTO）第一天，「台灣心會」組織「世貿快車」從台北和高雄到台中會師。OM邀請前總統李登輝發表演說，加上呂副總統，在台中科學博物館廣場舉行「WTO與台灣經濟」的專題演講會。會後，在博物館會議廳主持「台灣心會」第一次會員大會，被推薦選為理事長。 一月七至八日，參加高雄中山大學開的Conference on Political and Economic Prospects in the Asia-Pacific Region。發表論文"Politics and Economics: Taiwan, China and the WTO"。 二月八日，台灣寒假回澳洲，在雪梨華僑文教中心演講，和學者Paul Monk, Gary Klintworth舉辦「台灣選舉與兩岸關係」座談會。[25] 六月二十六日，台灣暑假回澳洲，接連參加團友會、慈輝婦女會、台灣同鄉會、客家會交接典禮。 七月十三日，主持「全僑民主和平聯盟」（簡稱全盟）布里斯本支盟成立大會。

年代	年歲	生平大事
		八月三日，參加全盟雪梨支盟大會，演講「民主與和平——從台灣看世界」。 八月十六日，再度赴雪梨，參加大洋洲台僑團體聯合會的大會，並主持國防大學James Cotton教授的演講，主題「Democracy and Peace」。[26] 九月，以「台灣心會」理事長身分，帶領一個兩百八十八人的「台灣禮敬團」（Taiwan Salutes）前往紐約和華盛頓特區，在九一一襲擊一周年的慶祝活動中表演。[27] 九月二十七日，「台灣心會」舉辦「台日關係三十周年回顧與展望」座談會，鄭欽仁、邱垂亮、許世楷、許慶雄等人與會。 十一月十一日，學生吳嘉寶（ＫＰ）和Serena招待去京都、奈良、名古屋、愛知看紅葉。 十一月三十日，月琴的媽媽仙逝，享年一〇一歲。
二〇〇三	六十五	參與數場「國政懇談會」與台灣大學國家發展研究所評鑑會議。 三月初，彭明敏教授邀請他與陳必照聚餐，並致贈兩張馬友友音樂會入場券。因月琴不在台灣，就邀請陳必照同赴盛會。[28]

年代	年歲	生平大事
		四月，獲頒澳洲「建國百年貢獻紀念勳章」（*Centenary Medal*），及陳水扁總統頒贈國策顧問聘書。[29] 四月二十三日，率領台日文化交流訪問團赴日，先參加大阪客家崇正會的年會。二十五日飛東京，在靖國社為闢建台南烏山頭水庫的八田與一舉行音樂紀念會。 五月十六日，參加「因應後ＳＡＲＳ時代圓桌論壇」針對「後ＳＡＲＳ時代中國觀」指出中國依然是舊中國—大陸缺乏現代化和進步將成為國際政治的ＳＡＲＳ。 七月，回澳，參加全盟布里斯本支盟講座，主講「民主全球化及台灣前途」。月底去西澳參加全盟西澳支盟成立大會。[30] 九月，為僑委會促進全盟加拿大行。到Vancouver, Toronto, Montreal為台僑解說全盟意義與國內政情。 十月二十四日，歐洲行，先參加法國國際關係研究院（ＩＦＲＩ）「亞太安全」座談會，拜會法國國防部戰略規劃署，向台灣駐法國代表處演講國內政治。

年代	年歲	生平大事
		二十九日到德國，在國際和安全事務學院（SWP）會見資深研究員，訪問德國外交關係委員會（German Council on Foreign Relations，DGAP）和參觀Pergamon博物館。十一月三日，經維也納回台。
二〇〇四	六十六	二月，協助楊進添大使邀請《澳洲人》的名專欄作家*Greg Sheridan*訪問台灣並專訪陳水扁總統。[31] 二月二十八日，在金山天籟溫泉召開「南太平洋安全」座談會。MH坐巴士下山參加「二二八手牽手守護台灣」大遊行。OM得向與會學者解釋大遊行政治意義。 三月十六日，以台灣民主基金會的名義邀請Craig Emerson等十一位澳洲國會議員訪台觀選，全程陪伴，解說總統選舉及公投狀況。 五月十四日，政大副校長林碧炤召開外交政策公共論壇，請他發表論文〈當前國際情勢與我國外交政策〉，主旨是阿扁總統第二任內想要的外交突破，如以台灣之名申請入UN等議題。 五月二十八日，林碧炤主持「Sino-American Conference on China」的圓桌會議，邀請二十多位美國學者討論台、美、中關係，爭辯點

年代	年歲	生平大事
		是阿扁總統的「製造麻煩」的外交政策上，OM獨戰群雄，為阿扁的政策辯護。會後林副校長非常感激他。 七月一日，受外交部之請至首爾出席第十三屆「首爾－台北論壇」，主持「Korean Democratization and Security」討論會，並和南韓總統府秘書長等官員對談，對南韓學者及官員的學識、認真，印象深刻。 八月二至十二日，從雪梨開始向澳洲、紐西蘭、東南亞宣導台灣選後政治發展。十三至十五日，參加在台北圓山飯店舉行的第二屆民主太平洋大會，主題「New Vision for the Pacific Era」（太平洋世紀的新願景）。二十至二十五日，帶團到東京演出蕭泰然和江文也教授等人作品。[32] 九月初，返澳，立即投入*Rudd, Boswell, Hardgrave*等國會議員的選舉。 十一月二十六日，飛雪梨，參加全盟大會，並作主題演講「民主、和平與戰爭二〇〇四」。二十八日，回布城主持阮銘[33]教授在Paloma Centre的演講會。

年代	年歲	生平大事
二〇〇五	六十七	一月二十六日，跟市府警察談判，爭取參加澳洲國慶日遊行。 三月九日，為反對中國制訂「反分裂國家法」、不准台灣部長訪問澳洲等問題，在《澳洲人》（*The Australian*）刊登廣告Australia Should Oppose China's Enactment of the Anti-Secession Law，並帶領台灣同鄉去坎培拉遊說國會議員，在中國大使館前示威抗議，喊口號「One Taiwan, One China」、「Say No to China」，也拜訪美、日、英等國大使館，遞交抗議書。 四月十六至十九日，參加彭明敏教授的亞洲太平洋自由民主聯盟（亞盟）在南非約翰尼斯堡召開「二〇〇五年亞太圓桌論壇」（Asia Pacific Round Table）。論壇主題「Democratization in Asia Pacific and Africa」。發表論文〈Riding the Wave-Democratization in Asia-Pacific〉。論壇論文有專書出版：*Democratization in Asia Pacific and Africa: Achievements and Challenges.*會後和ＭＨ去Pretoria和Cape Town旅遊，並參訪南非建國之父曼德拉被關了十八年的Robben Island及遺留的文物。

年代	年歲	生平大事
		五月十二日，ＷＨＯ開會前，在《澳洲人》登廣告「Treat Taiwan with due Respect」，呼籲讓台灣進入ＷＨＯ。 八月十三至十五日，擔任ＴＩＡ和布市同鄉會主辦第三十二屆世界台灣同鄉會聯合會（世台會）年會的總召集人，會中跟阿扁總統視訊連線，造成大會高潮。[34] 八月中旬，邀請台大經濟系教授張清溪和中國民運人士袁紅冰在布里斯本、雪梨、墨爾本做了多場演講與論壇。 十月二十五日，和ＭＨ飛斐濟首都Nadi，參加亞盟年度大會，應彭明敏教授之請，邀請昆大的Bill Tow和國防大學的James Cotton教授與會。[35]
二〇〇六	六十八	四月二十一至二十四日，參加亞盟在日本名古屋「二〇〇六年亞太圓桌論壇」。主題「Taiwan Strait Security」發表論文〈Taiwan Strait Security－Japan Perspective〉。論文有專書出版*Taiwan Strait Security.* 八月初，布里斯本姐妹市高雄市代理市長葉菊蘭來訪，布市政府在南岸（South Bank）河濱樹立一個名為「高雄地標」的大理石

年代	年歲	生平大事
		碑，由OM撰寫碑文，堅持高雄之後一定要加上台灣，布市政府同意。 八月底，組團去東京舉行台灣主權紀念音樂會，由曾道雄教授指揮。曾教授風趣幽默，相處六天後，MH變成他的粉絲。 九月十三日，受駐澳代表林松煥大使之邀，出席澳洲國會台灣連線晚會，和國會議員交換意見。當天午宴，對著三桌的議員做主題演講「台灣民主、中國威脅」，義正詞嚴，讓他們聽到台灣的不平之鳴。 十月二十六日，和MH飛紐西蘭的奧克蘭，出席亞盟年會，再和彭教授做夥打拚。[36]
二〇〇七	六十九	二月，接待台灣文化訪問團春節大洋洲巡迴演出（二〇〇七 Lunar New Year Taiwanese Goodwill Mission Oceania Performances-Taiwan Indigenous dance and music）。 四月，在布市開始籌劃組織長工之友會，支援民進黨總統候選人謝長廷。七月八日正式成立，舉辦募款活動。

年代	年歲	生平大事
		九月一日，在布市主持魏京生的演講會。三日，TIA宴請台聯立委陳建銘。六日，去雪梨參加APEC領袖高峰會議，七日，於領袖代表施振榮晚宴中演講。八日，和MH飛美，帶領另一個「福爾摩沙之夢」樂團展開美西行。[37] 十月十日，回台灣參加外交部的國慶酒會。十一日飛比利時首都Brussels，參加亞盟十二日召開的「二〇〇七亞太圓桌論壇」，發現歐洲學者對民主台灣的認同，尤其是法國Lyon大學的高格孚（Dr Stephane Corcuff）[38]、英國倫敦大學的Dr Dafydd Fell。會後，和MH飛羅馬，得到好友駐義大利代表鄭欣[39]的招待，請一位資深導遊解說名勝古跡，並經由教廷大使杜筑笙和來自台灣的教廷中文部主任江國雄神父安排，進入教宗後院參觀，遊覽St Peter大教堂，終身難忘。 十二月，代表彭教授去洛杉磯出席亞盟越南支部的年會，並做主題演講「台灣民主化的經驗」。由好友Frank Wu（MH台大同班同學）雨中駕車去Laguna Beach看 Chilcote老師，並一起午餐。

年代	年歲	生平大事
		Frank另安排一場台灣同鄉座談，包括王敏昌博士[40]等，大家談得熱烈、熱情。 十二月二十九日，趕去Portland，Oregon參加亞盟年會，參觀彭教授河邊住宅，對其收藏品、古董，尤其門口巨大的古鐘印象深刻。
二〇〇八	七十	三月十三至十五日，回台去高雄參加世台會，整個大會為民進黨總統候選人謝長廷造勢，從南到北以「民主台灣，一〇〇行動」之名，喊出「護民主、加入UN，反對一中市場」等口號到投票前夕。二十一日，MH回台，二十二日一起回苗栗投票。 四月十八至十九，參加「台灣主權地位」國際研討會（International Conference on Taiwan's Sovereign Status）。發表論文〈Taiwan's Uncertain Sovereignty〉。
二〇〇九	七十一	二月八日，飛墨爾本參加澳洲台僑團體聯合會年會，並發表演說。 八月，莫拉克颱風重創台灣南部，毀了整個高雄縣的小林村，為了救災，台灣在澳協會特別向昆士蘭州政府申請救災募款許可，鄉親大動員，募了許多錢就直接交給高雄縣長楊秋興[41]。

年代	年歲	生平大事
		十月底，帶領楊梅「玉韻合唱團」去北海道札幌文化交流，和MH在阿寒待了三天，也在老友Izumi教授的小木屋玩得盡興。 十一月二日，去土城看守所探視阿扁，並贈送他在北海道北部網走監獄買的一盒名為「脫獄記」的紅豆餅乾，被所方擋掉。電視台找他訪問，造成新聞焦點。
二〇一〇	七十二	七月，加大博士班的同學McKenzie夫妻來澳旅遊，一起去攀爬Uluru，爬到最上面，心情非常愉快。[42] 九月，為了替民進黨十一月的五都市長選舉募款，立委蔡煌瑯、余天及夫人來訪，OM於十五日舉辦演講及募款晚會，也請來澳洲國會議員晚宴，做了很好的國會外交。 十一月十六日，參加黃崑虎夫人邱碧玉的「新韻合唱團」，去日本四國高松市進行友情交流，與該市樂團共同演唱日本和台灣歌謠。[43]
二〇一一	七十三	一月，在一九七四年澳洲國慶日大水災後，間隔三十七年布里斯本又發生二十一世紀的大水災，布市西部的幾個城鎮都幾乎摧毀

年代	年歲	生平大事
		在洪流中，布里斯本河兩岸所有的居民被迫遷離，OM和MH只得在山頂上的老家（兒子在住）與女兒家住了幾天。 七月八日，在楓林宴請台灣參加二〇一一亞太城市峰會暨市長論壇的成員。 七月十七至二十五日，因良性前列腺增生阻塞，緊急送到衛斯理醫院住院開刀。 九月五至十二日，因肺炎再度住進衛斯理醫院治療。 十一月十四日，為隔年總統大選，張富美和徐國勇拜訪布里斯本並參加小英之友會募款餐會。十五日，OM在台灣中心演講分析台灣政情。
二〇一二	七十四	一月十日，台灣總統大選前，返台助選，參加海外助選團的造勢活動。十二日，參加彭明敏教授的台灣公平選舉國際委員會晚宴。十三日，參加投票前夕的造勢大會。[44]十九日，與鄭文燦、盧孝治等人在大江屋替鐘肇政（鐘老）祝壽。

年代	年歲	生平大事
		一月二十一至二十八日，因總統大選蔡英文應贏沒贏非常失望、傷心，OM、MH和孝治全家一起去東京和日光的雪地裡散心消愁。[45]
二〇一三	七十五	三月二十八日，OM和MH去京都「花見」，看櫻花，學生KP和Serena陪著玩了三天嵐山、圓山、八坂神社等名勝古跡。盧孝治也來同遊了一天醍醐寺。 七月二十六日，立委趙天麟來布城訪問，陪同拜訪市長Graham Quirk，晚宴OM演講。 八月，出版《空谷足音的南方論述》、《走不出門的國家》（兩本都是前衛出版社出版）。 十二月，出版《有緣相隨：我的「非回憶錄」》（玉山社）。 十二月，把《有緣相隨》最後一章修訂成英文版專書*The Chiou Dynasty*（邱氏王朝），讓兒孫輩瞭解邱家的故事。聖誕過後，全家十三人回台灣環島旅行。[46]
二〇一四	七十六	一月七日，出席由玉山社社長魏淑貞主辦的《有緣相隨：我的「非回憶錄」》新書發表會。

年代	年歲	生平大事
二〇一四	七十六	三月一日，在布市台灣中心舉行三本新書發表會：《有緣相隨：我的「非回憶錄」》，《空谷足音的南方論述》、《走不出門的國家》。 三月，參與網路媒體《民報》的創辦，並開始撰寫專欄。 十一月十五至二十二日，經台灣飛東京，訪問在新潟縣大學執教的KP和Serena，同遊新潟後，去湯澤坐「高原索道」（Yuzawa Kogen Ropeway）上山玩。 十一月二十二日，返台；二十七日，OM和林義雄一起開記者會和遊行，幫桃園市長候選人鄭文燦助選。[47] OM和MH也見了彭明敏、康寧祥等許多學者、政治人物。 十二月二日，回布里斯本。
二〇一五	七十七	八月二十三日，在布里斯本成立小英後援會籌備會。 九月十三日，布城小英後援會成立大會，小英總部由總幹事蘇嘉全、莊碩漢前來共襄盛舉，加上新北市議員廖本煙，晚會非常熱烈、精彩，「小英凍蒜」之聲不僅響徹布里斯本初春的夜空，也震動很多澳洲同鄉的台灣心、台灣情。

年代	年歲	生平大事
		九月十九日，參加澳亞青年暨專業人仕團友會會長交接典禮。 十月八日，在布里斯本希爾頓酒店舉辦雙十國慶酒會。 十一月六日，參加在市政廳舉辦的市長多元文化商業獎（Mayor's Multi-Cultural Business Award）頒獎典禮。
二〇一六	七十八	一月十至十六日，回國助選、投票。OM和MH因為需要用護照投票，讓他坐高鐵跑了兩趟台北—苗栗，趕在投票處關門前幾分鐘回到苗栗玉清宮投了票。投完後又趕回台北參加彭教授主持的勝選慶祝晚會。那晚，應該是OM人生最快樂的一天。 一月二十至二十九日，再遊京都[48]。一月二十九日，回台休息。 二月一日，出席由《民報》主辦的座談會，由劉志聰主持，參加者有鄭欽仁、賴怡忠等學者。三日返澳。 二月六日「台南大地震」是一九九九年九月二十一日集集大地震之後，台灣傷亡最嚴重的地震。TIA又再次動員募款。募款所得全數交給賴清德市長。 四月十五至十七日，呂前副總統訪澳洲，因簽證問題卡住，OM動用澳洲國會議員與台灣同鄉，辛苦了兩週才達陣。[49]

年代	年歲	生平大事
		九月十四至十七日，參與昆士蘭大學郭美芬博士發起的第一屆布里斯本電影節的活動，並主持最後一場節目「鼓動台灣：積極前進澳洲與亞太世紀」（Engaging Taiwan in Australia and the Asia-Pacific Century）論壇，邀請兩位澳洲教授Mark Finnane及Mark Harrison與談。[50] 十月十五日，回國出席僑務會議。會後，和ＭＨ去京都琵琶湖休息，第一天就跑去京都向那家熟習的老店買了兩顆艾草大福（mochi）吃。住在美麗的雄山莊（Yuzanso）溫泉旅館，但ＯＭ第二天就生大病，驚動好友王輝生醫師夫妻趕來旅館打點滴。迷迷糊糊躺了三、四天。第五天才和ＭＨ上了比叡山觀賞滿山的楓紅。
二〇一七	七十九	四月二日，僑務委員長吳新興親自頒授「僑委會一等華光專業獎章」。 五月，又受邀回台參加全球僑務會議，三週期間會見蔡總統身邊的幾位重臣大老，細聽有關小英的政治信念和性格、政策推展狀況。

年代	年歲	生平大事
		之後，去日本六天，率領盧孝治的楊梅玉韻女聲合唱團去廣島文化中心舉辦日台親善音樂會，並祝賀熱愛台灣的灣生母女（杉岡裕子）成立廣島日台文化友好協會。還去訪問神戶，交給堺市竹山市長來自桃園鄭市長的邀請函，希望兩市締結姊妹市。 六月二十八日，因牙痛，由牙醫推薦到衛斯理醫院的口腔顏面專科醫生拔智齒。因流血不止，一小時可完成的手術拖了三個小時才出來。 七月八日，凌晨一點，心絞痛、出冷汗，救護車急送衛斯理醫院開刀裝支架。恢復情況良好，十二日出院。 十月十三至十四日，由外交部駐布里斯本辦事處與昆士蘭大學歷史暨哲學系合辦的「二〇一七年布里斯本台灣電影節」在昆士蘭大學舉行，精選放映六部台灣紀錄片與兩部劇情片，並舉行論壇「記錄歷史、取經亞洲：台灣特色」。由郭美芬博士引言，邀請澳洲人文科學院主席John Fitzgerald教授、昆大歷史系Patrick Jory博士、Morris Low副教授和ＯＭ參與對話。

年代	年歲	生平大事
		十月底，為慶祝高雄和布里斯本姊妹市建交二十年，市長陳菊受邀來布市訪問。晚宴中，OM向她反應期待蔡總統能盡快特赦阿扁、完成合乎民主程序的公投法修正，讓台灣公民能在未來適當時機舉行正名制憲公投，完成國家正常化的必要工作。
二〇一八	八十	二月二十八日，「喜樂島聯盟」公布籌組宣言，在台灣陳永興等一百五十位各界領袖連署力挺。OM被邀請當澳洲召集人，與美國、日本、加拿大、歐洲、中南美洲及亞洲各地的台僑，發起共同連署，響應成立喜樂島聯盟。[51] 四月底，回台，盧孝治邀請OM率同新北市一合唱團訪問東京，演唱會前做簡短演講，再度呼籲共同推動獨立公投正名、入聯。之後去觀賞足利花卉公園紫藤花與國營長陸海濱公園藍色夢幻粉蝶花，最後經輕井澤回東京。在東京明治神宮與日本前駐澳州大使高橋雅二相見歡。高橋還幫忙OM、MH自動購買新幹線車票到京都休息五天。

年代	年歲	生平大事
		五月十一日，參加《民報》舉辦的「國際變局與台灣出路」座談會中表示：維持現狀死路一條，在國際趨勢有利情況下，正是正名制憲千載良機。 五月十四至十六日，出席在圓山召開的僑務會議。 九月七至八日，由外交部駐布里斯本辦事處，台灣在澳協會及世界多元文化藝術協會合辦的「二〇一八布里斯本台灣電影節」在昆士蘭大學舉行，邱教授代表合辦單位致詞，感謝昆大郭美芬博士協助規劃本次影展，期待影展規模年勝一年，透過影像促進台灣與澳洲文化交流。 十月二十二日，回台，二十三至二十六日，陪MH參加北一女一九五八年畢業六十周年同學會。後去京都，由王輝生醫師夫妻陪同，參觀滋賀縣甲賀市由貝聿銘設計的Miho Museum（美秀美術館）。 十一月十日，從京都回台助選、觀戰。十六日，參加家博歡迎會與外交部頒獎典禮，讚揚家博一生愛台灣，在澳洲一起為台灣打拚。二十四日，執政的民進黨在九合一選舉大敗。二十六日，返澳。

年代	年歲	生平大事
二〇一九	八十一	五月七至十八日，回台灣參加僑務會議。 七月七至十日，參加在布里斯本召開的第十二屆亞太城市峰會（The 12th Asia Pacific Cities Summit 「2019 APCS」）暨市長論壇。 七月二十四日，參與昆士蘭大學校園的反中、反孔子學院，反校長Peter Hoj聘請中國駐布里斯本總領事徐杰為昆大的訪問教授，及支持維吾爾人權，香港反送中，大學獨立，學術自由的示威活動。 十月十一日，再度出任蔡英文總統競選連任布里斯本後援會會長。 十月十一至十二日，參與在昆大舉行的第四屆台灣電影節。 十月十三日，回台參加盧孝治的「楓紅北海道、合唱交流團」，第二次帶「楊梅合唱團」去札幌表演。繞行北海道一圈回來，就忙著支持蔡英文總統競選連任布里斯本後援會的工作。 十一月十五日，經過多日的折騰，成功舉辦蔡英文總統連任布里斯本後援會的募款晚會，有四百多位熱情鄉親參加，慷慨解囊，讓他完成了本來認為不可能也是他最後助選台灣總統的任務。

年代	年歲	生平大事
二〇二〇	八十二	二月，入選《台灣客家名人錄——Who's Who in the Hakka World, Taiwan edition》。 二月二十日，診斷出罹患肺癌。 八月十四日，因十二指腸穿孔緊急住院。十一月九日出院。 十二月二日，在《民報》發表〈我寫我存在——住院三個月的零星回憶〉一文。 十二月二十二日，OM在聖誕卡寫下： Greetings from Down Under, 2020 is very bad for humanity as well as for the Chiou dynasty. In Feb the old man (LG) was found to have lung cancer. In August he was hospitalized for 3 months. His doctor said even a much younger person would have died. That he's alive, fighting and writing is a "miracle". He is still fighting, winning a few battles but sooner or later going to lose the war. It's been tough for him, tougher for Flora, Grace, Michael, Kim and Leon. The old man has lived a long and good life. Life's good, LG, or rather liang-gu (a cow with light, nickname given by the literary giant, Chung Chao-cheng). I am ready to die but not giving

年代	年歲	生平大事
		up on life, not even for a moment. I'll fight hard every day. Having a family like ours and friends like you makes life worth living and fighting for. In addition to showing love and support for Agun, other members of the dynasty have done very well in their various endeavors. Since leaving the hospital, for 7 weeks I've written 7 short essays, thus proving "I write, thus I exist." From Down Under, Flora and LG wishing you a very Merry Xmas and a very happy New Year! (22/12/2020)
二〇二一	八十三	一月六日，外交部駐布里斯本辦事處洪振榮處長高升回國，行前來告別。[52] 二月二十八日，最後一篇病中塗鴉〈不是忠誠的反對黨——會出賣台灣的趙少康〉，在《民報》三月二日登出。 三月九日，再度住院。 三月十一日，OM最後的簡訊：親朋好友，大家平安！我現在住院，非常虛弱，暫時不回答各位的關心問候。非常感恩！謝謝！ 三月十三日，清晨五點，平靜地，OM到另一個世界追夢去了。

年代	年歲	生平大事
		三月二十四日，總統蔡英文與行政院長蘇貞昌頒發「褒揚令」。國史館徵集受褒揚人史料。 三月二十六日，邱垂亮教授告別式在布市Mt Thompson紀念墓園舉行，共計有澳洲政要、僑界代表等兩百餘人出席，駐澳代表處常大使以立代表政府宣讀蔡總統及李大維秘書長唁電，並代表吳釗燮部長頒贈睦誼外交獎章。澳洲聯邦參議員Senator Paul Scarr、昆州議員Duncan Pegg及布市議員黃文毅等分別代表澳洲聯邦政府、前總理陸克文及布市政府致悼詞與向家屬致意。會場並發送邱教授紀念弔唁文集。 四月八日，台灣友人陳永興、盧孝治等於台大校友會館舉辦追思會。 六月十六日，澳洲聯邦參議員Senator Paul Scarr在參議院致頌詞，將邱垂亮教授一生中傑出的事蹟典藏在澳大利亞民主核心參議院的議事錄中（Hansard）。[53]

註：

1 邱教授從小就被叫「老頭子」（Old Man，OM），晚年則被生徒們稱為「亮公」。

2 牛山，位於台南市東山區。

3 當年嘉中畢業前六名保送台大，第七名以下保送其他國立大學。

4 邱教授同屆同學包含作家王文興、白先勇、陳若曦、歐陽子等人，他們創辦《現代文學》，他沒參加，自覺對文學有興趣但沒才氣。

5 螢橋就是現在的台北市中正橋。

6 沒人叫過月琴MH，Moon Harp，這其實是OM的用語，過了許久才解謎。

7 SDSU原名San Diego State College，是加州二十三所州立大學之一。

8 UCR是加州公立研究型大學，是同系統十個校區之一。

9 那些年阮大年與蔡同榮都在USC修博士，張燦鍙則在加州理工學院當博士後研究。阮大年夫婦應知道蔡、張深夜來訪，但不知阮知蔡、張的底細？一九七一年四月邱教授來澳經過台灣時，他就非常緊張會被打小報告。阮回台後官做很大，曾是東海、交通、中原等大學校長。

10 當年買了新車帶爸到處玩，他童心未泯喜歡去迪士尼樂園，去了好幾次也不厭，尤其喜愛《加勒比海盜》，喜歡那種刺激的冒險旅程。他還喜歡到處趴趴走，帶著逸雲上幼稚園，在路旁發覺一排枇杷樹，那些年吃了許多大而甜枇杷。那時候美國人種枇杷當路樹，枇杷給鳥吃。爸爸還跑去幫墨西哥人採草莓，害大家找了兩個小時才在那一大片草莓園裡看到彎著腰的爸。

11 研究中國文革的論文，後由昆士蘭大學和紐約Crane，Russak出版。

12 昆士蘭華僑社（Chinese Club of Queensland，也譯作「昆省華人會」或「昆士蘭華人俱樂部」）是由一群早期移民澳洲的華人（如Eddie Liu）捐款，在布市Auchenflower買地建立，後來移到中國城。Eddie最顯著的成就是在一九五二年共同創立了昆士蘭華僑社，並在一九八〇年代建立了布里斯本的中國城（Chinatown）。

13 那時邱教授夫婦住在離UQ約十六公里的郊區Jindalee，新建的房子在山頂上，從陽台往下看一片汪洋，整個社區變成水鄉澤國，只有山上幾戶人家沒被滅頂，通往大學的橋梁也被沖斷，上下班須經Oxley，時間加倍。住的小山變成小島，被困一個星期，斷電，需要撿後院柴枝煮飯，加上家中尚有嗷嗷待哺的新生嬰兒，其情景終生難忘。

14 《兩種心向》一文後來收錄於一九七六年在香港出版的《民主政治與台灣前途》；亦參本書附錄。

15 南洋大學與新加坡大學在一九八〇年合併為以英語為教學媒介語的新加坡國立大學。

16 邱教授夫婦喜歡San Carlos，尤其懷念屋後院那棵果實纍纍的蘋果樹和好幾棵水蜜桃，讓月琴想起小時苗栗老家的果園。那段時間的假日也帶著小孩到聖地亞哥、洛杉磯、Fullerton、Riverside、聖地亞哥動物園和海洋世界、迪士尼樂園、優勝美地國家公園遊山玩水，訪友探親。

17 回程中，林鐘雄教授受不了長途跋涉，坐飛機回Stanford，邱教授只得獨自駕車橫過美國中部，經過白雪覆蓋、險象叢生的洛磯山脈，回到洛杉磯。要看的都去看了，要訪的親友也都見了，他的台大同學白先勇、李歐凡，表弟黃肇松，美國好友、同學、老師Darby、McKenzie、Gripp、Chilcote；月琴的同學沈雲（黃呈嘉）、黃春英（陳家榮）、鄭鶴（陳文源）都有在他們的家裡短暫的停留，促膝長談。

18 Radio 4EB，一九七九年成立時設有華語和粵語組，新聞稿共用，其他的各自負責。粵語組由梁亮新教授負責，不清楚是否還在。華語組還存在，但好像改由中國人在主導。這廣播協會的首任會長梁亮新教授是UQ化工系主任，培育許多澳、台、香港和東南亞的博士。一九九〇年他英年早逝，大家都深感惋惜哀悼。

19 十二月五日飛往馬尼拉，參訪Rizal紀念館、St Augustin Church，十七世紀初的偉大建築物、華人墓園，死人住的房子比活人還要壯觀，有的裡面還有空調，中國人尊祖的極端表現。七日上午去看了富人住的地方，馬尼拉窮人太多，貧富不均。下午飛香港，由台大好友李靖江、吳克進兩輛車接機，克進家裡還準備了豐盛晚餐。五天的香港遊，到淺水灣、海洋公園、新界、Victoria Peak，玩得快樂，尤其孩子們。在Victoria Peak驚遇聖地亞哥好友Darb and Louise大家一起快樂的玩了一天，真是人生的奇遇。

20 這是兩個小孩Leon和Sue第二次回台，第一次回台才兩、三歲，這次已八、九歲，好像可以領會到旅遊的樂趣。此次在台停留約一個月，從北玩到南，陽明山、小人國、日月潭、溪頭、墾丁、鵝鑾鼻，孩子們都玩得不亦樂乎。

21 〈加可蘭達之歌〉也收錄在《符任之聲樂作品選第一集》（Fu Yam Chi vocal works collection (1)）（香港，雅興出版社，一九九二）和《亞洲的政治文化──日本、台灣與中國》（香港，臻善文化事業公司，一九八四）。

22 這個會議是李登輝總統呼應野百合學運要求所設立的準備修憲的諮詢會議，隔年第一次修憲會議後，達成廢止「動員戡亂時期臨時條款」、國會回復定期改選的決議，「萬年國會」結束，台灣的民主化進入新階段。

23 Chilcote夫婦此次行程，先在邱教授家住兩天，然後走了一趟陽光與黃金海岸，飛去Cairns看大堡礁，最後去攀爬澳洲中央沙漠中世界最大的紅石頭Uluru。

24 QCPA是聯誼性質，幾年後就停止運作。

25 Paul Monk和Gary Klintworth是邱教授幾十年的朋友，也是澳洲少數支持台灣的學者。

26 James Cotton是澳洲有名的政治學教授，與邱教授交往多年，曾多次邀請他出席彭教授、呂副總統等召開的國際會議。

27 當晚在林肯中心演出蕭泰然作品《啊！福爾摩沙──為殉難者的鎮魂曲》的時候，全場台灣同鄉都感動得淚流滿面。

28 那是一場邱教授一生中聽到的最精彩的音樂會。月琴是馬友友迷，當她知道有這場音樂會時還抱怨真可惜她不在台灣。

29 當年邱教授人在台灣，無法親領百年勳章，澳洲總理府用掛號寄來布里斯本。不久他就接到總統府電話要替他辦酒會，慶祝他獲勳的榮譽，但他拒絕了。最後阿扁總統把他叫去，親身頒給他國策顧問的聘書，並贈送楊惠珊的琉璃藝術作品。

30 這趟西澳行，OM與MH得到楊明賢醫師夫妻的熱誠招待。

31 Sheridan訪問阿扁總統後寫了長篇報導，對阿扁及台灣的民主有非常正面的評價。邱教授與Sheridan是多年的朋友、曾經一起座談、理念也相同，對Sheridan多年來的論述相當認同。

32 那是在日本第一次演出蕭教授《福爾摩沙鎮魂曲》，和紐約演出一樣轟動、感人。這次音樂會蕭教授趕來共襄盛舉，作詞者李敏勇和醫生文人林衡哲當顧問，全程參加活動。

33 阮銘據稱是中國共產黨前書記胡耀邦的「智囊」、「文膽」。

34 該次大會在布里斯本歷屆同鄉會會長的動員下，打拚好幾個月，開得轟轟烈烈，讓全世界各地來的數百位同鄉感覺非常有面子，讓澳洲政界人士聽到台灣人要主權獨立的聲音，看到台灣人世界性力量的展現。世台會前後還接待林義雄、彭明敏教授等許多貴賓。林義雄女兒林奐均辦了一場音樂會，聽奐均的彈奏，令人心痛。

35 會後十月三十一日，彭教授訪問布里斯本，因簽證限制而沒有公開活動，不過要見的都見到了，包括州政府的部長、州長代表、聯邦國會議員、市長、市議員等。由陳博文駕名車暢遊陽光海岸，在幽雅小鎮Montville午餐，也去可夢湖（Currimundi Lake）OM、MH的海邊公寓休息。

36 紐國立場一向親中，但此次外長出席開幕典禮，替台灣講了好話。會後，民進黨紐西蘭支部主委蔡讚廷請邱教授去演講台灣政情，之後參觀僑委陳良男和劉介宙的農場，相談甚歡。

37 當天在UC San Diego校園、九日在洛杉磯San Gabriel Civic Auditorium、十五日在San Jose的Jubilee Christian Center演出。之間團員還玩了Las Vegas、Grand Canyon、Yosemite國家公園。這次樂團龐大，主演蕭泰然的作品，加上師大教授柯芳隆的近作。三場精彩演出，同鄉都聽得如癡如醉。在San Diego，邱教授也請老師Dr Gripp和師母來聽，並參加晚宴，這是跟Gripp老師最後一次的見面。

38 高格孚研究台灣眷村文化、台灣民主化，把台灣當作他的第二故鄉。

39 鄭欣在法國長期支持台灣民主運動，組織旅歐台灣同鄉會，也當過僑務委員。

40 王敏昌博士也是彭教授的好友，攝護腺癌檢驗（PSA test）發明人，不幸於二〇一二年逝世。

41 該年五月一日，高雄縣長楊秋興來訪，盡心招待，相談甚歡，為了支持他，莫拉克救災所得募款直接交給楊縣長。沒想到後來高雄市長選舉，楊脫黨競選。

42 美國人好像對雪梨、墨爾本覺得沒什麼，反而對Uluru特別有興趣。二十年前Chicote老師與師母來澳洲，也特別要求去中澳攀爬Uluru，但澳洲原住民認為那是他們的聖地，二〇一七年開始Uluru已被禁止攀爬。

43 演出後的二十至二十三日，OM、MH與孝治夫妻四人遊廣島、京都、大津等地。在四國找坂本龍馬的遺跡，在廣島則看了嚴島神社與和平公園，兩地歷史差距近千年，彰顯日本人道文明巨大演變的時空過程。

44 造勢大會上小英的選情氣勢如虹，數十萬人在細雨中看到帶病上台擁抱小英的阿輝伯，喊出了虛弱卻也蒼勁、動人心弦地呼喚國人投票給小英。

45 在日光千姬物語，一隻寒雁叫聲劃破長空，月琴想到小林一茶的俳句：「且勿哀啼，野雁／四方無異／這瞬逝的世界」

46 此行租了一輛大巴士從台北故宮經宜蘭蘭陽博物館、花蓮太魯閣、台東到國境之南墾丁，在關山看美麗的夕陽，吃萬巒豬腳，再到台南參觀台灣歷史博物館、安平古堡，與台中阿姨、舅舅、叔叔同遊日月潭、溪頭。最後到苗栗，在出礦坑試著沿廢棄纜車的地軌往上爬，想看阿公出生成長的地方，爬到半途就被「不能前進，山裡有蛇出沒」大牌子擋住，結果還是沒有看到阿公誕生的地方。孫輩都是第一次遊台灣，大家都吃得盡興，玩得盡情。

47 當年十一月二十九日九合一選舉投票，被認為近年華人世界最大的民主選舉。結果執政的國民黨大敗，在二十二個縣市長選舉中，國民黨僅獲得六席，而民進黨獲得十三席。此外，包括台北市長候選人柯文哲在內的無黨籍人士獲得三席。

48 OM和MH以前常走的是鴨川、高瀨川、東山區從清水寺、南禪寺、哲學之道到銀閣寺。這次主要走嵐山嵯峨野竹林小徑，想起以前走過的溪頭孟宗竹林生態步道。冬天難得人少寧靜，喜愛走在竹林中特有的一股清幽。三十三間堂、清水寺還是得去，因為他非常喜歡途中一對老夫妻手工做的艾草mochi，近幾年每年去京都會買幾個來吃。也當然會去王輝生醫師的大津，洗溫泉和享受豐盛的晚餐。

49 呂前副總統演講有關台灣的歷史、婦女運動、民主奮鬥和成就、台灣的現況和前途，及她目前大力推展的台灣和平中立運動，讓貴賓聽得入神、動容。貴賓反應、發言，也都充滿理念認同和讚佩，替台灣做了一場很成功的外交。

50 出席電影節的學界、政界、僑界貴賓不少。這次八部紀錄片和一個論壇後，讓澳洲政學界更瞭解到台灣人有那麼長遠、深沉的台灣記憶和國族認同，也讓他們瞭解台灣人強調的「台灣是台灣、中國是中國」的實質意義。

51 該年四月七日，「喜樂島聯盟」在高雄國際會議中心舉行成立大會，前總統李登輝親臨力挺。前行政院長張俊雄、游錫堃、前總統府資政彭明敏、現任資政吳澧培、及時代力量黨主席黃國昌等在野政治領袖親自出席，共同推動獨立公投正名制憲，以台灣為國名加入聯合國。

52 自從邱教授病後，許多布城的朋友經常來看他，今年二月十四、二十三日，美芬、Eric、萬士分別都趁解封期從雪梨專程來看OM。去年十二月四日，Shirley也趁疫情解封期從雪梨飛來。春龍更是，只要允許會客，不管醫院或家裡，三不五時就會送來他喜愛的餐點，三月九日中午住院前還送來他的最愛蛤蜊肉片白酸菜湯，這一切他都銘記在心，感激不盡。

53 Hansard是英國和許多英聯邦國家議會辯論記錄的傳統名稱。它以倫敦印刷商和出版商Thomas C. Hansard的名字命名，他是西敏寺議會的第一位官方印刷商。

一主要資料來源一

《有緣相隨：我的「非回憶錄」》（台北：玉山社，二〇一三）。

《亞洲的政治文化——日本、台灣與中國》（香港：臻善文化事業公司，一九八四）。

《民報》邱垂亮教授專欄。

邱垂亮教授行事曆、書信、日記、影音等紀錄。

附錄二　阿公

邱奕雲（邱垂亮教授長女）

我父親一生中有三個摯愛，不分先後：他的家人，台灣民主獨立，和美食。

他生於一九三八年三月二七日在台灣苗栗出礦坑的山上。他在家中七個孩子排行老二（四個兄弟，兩個妹妹）。爸爸回憶，他的母親是一個非常有才幹的女士。在教育費昂貴的時代，僅靠微薄的收入能成功的教育了孩子——她種菜，養雞和豬，籌措錢來養家糊口。我一直覺得我父親非常敬佩他的母親，他總說我讓他想起了她，我一直把這當作極大的讚美。對於台灣人來說，教育和教育者受到崇敬和尊重，也是他們擺脫貧困的關鍵。儘管我的父親不是長子，但他的舉動就好像他是。他的哥哥個性溫順（就像爸爸的父親一樣），幼年時偶爾被欺負——我的父親個子不大，但他保證沒人敢欺負他哥哥第二次。他在體能和智力上樹立了山中（牛山）「孩子王」的美譽——他開玩笑說。牛山的非官方記錄表示，他是當地唯一進入頂尖學府台灣大學的人，但他指出牛山的人口不超過五百人，所以這個成就也許不像聽起來那樣偉大。他的哥哥早逝，享年三十五歲，所以父親一直是他家族的族長。爸爸的母親在教育孩子方面非常成功，家人散佈在世界各地，爸爸在布里斯本就有一個妹妹，美國有另一個妹妹和弟弟，還有兩個弟弟留在台灣——邱家兄弟姐妹都是美麗慷慨的人，有著善良的心靈。

與母親不同，父親搬遷到美國和澳大利亞，一直掙扎採用那個英文名字（母親比較聰明，馬上選定）。結果，他一直在研究修改旁人應該如何對他稱呼。在台灣文化，一般以頭銜或職位稱呼（老師，教授，醫生，最小的女兒，長子等），很少直呼名字。在父親的一生中，他一直在更改自己的名字。當他到達美國加州時，他選擇了「詹姆斯」這個名字——我想這是因為他很欣賞詹姆斯・迪恩（那是我出世前的一陣子），然後他多年使用「Chiou」（他的姓氏和單名）有點像麥當娜（Madonna）或雪兒（Cher），然後是C L（他的名字的英文縮寫），在他生命的垂暮時用「LG」即是亮公或「生活美滿」的縮寫。但有趣的是，他的暱稱是O M，是Old Man的縮寫，這是他所有高中同學，朋友和我媽媽對他的稱呼。我覺得他像我最小的女兒蕙丘（Emma）一樣，成熟的靈魂住在年輕的體魄，其他所有人都一定已經意識到了這一點。

就像我提到的那樣，父親天生就是一個聰明的人——就讀尖學府國立台灣大學，也是他認識我媽媽的地方。他是二年級，她是新生。我的母親非常美麗，父親追求了她兩年半。她一點也沒有被他迷住過——很長時間以來，她都拒絕了他充滿毅力的追求。他一直邀她出去，她就一直拒絕，因為她想專心讀書。她當初也覺得他太矮瘦了。我父親是一個非常有決心的人，他不停地出現在她的宿舍，要請她去看電影或吃晚飯但都被她拒絕。這期間，他寫了幾百封情書轟炸。他懷疑那兩年半的時間裡磨練出了寫作技巧。最後她終於同意去看《原野奇俠》（Shane），這是艾倫・拉德（Alan Ladd）的經典作品。爸爸總是說，他最喜歡的電影是原野奇俠（Shane）——我知道他一直都喜歡西部片，直到他去世後我才發現那是他與媽媽的第一次約會時看的電影——內心深處，他是一個多情的人。

當爸爸媽媽訂婚時，爸爸的媽媽對她未來的媳婦說，爸爸出生時是乞丐，但有張皇帝嘴。她知道兒子永遠不會擅長管理財務，還好他娶對人了。爸爸媽媽於一九六四年在加州結婚。他們倆在學業上都非常優異——得以就讀美國大學——媽媽在南加州大學完成碩士，而父親則在加州大學（河邊）拿到博士。新婚不久我就忽然的來臨——不用說，我不在計劃之內，但慶幸的是被他們深愛著。在我出生後的第一年，爸媽把我保持秘密，如果我的祖父母得知後，就會堅持要求他們將我送回台灣由他們照顧，這是我的父母不願意的。

如爸爸常說，接下來的四年中我們三個人生活很窮，但卻非常快樂。僅靠他們微薄的收入，我的母親將她的碩士學位濃縮為一年完成，依然成績優異。父親暫停學業工作養家。他的工作從凌晨四點開始，分送報紙兩個小時，然後從早上九點至下午三點在洛杉磯一家黑人區的雜貨店當店員，接著晚上從六點至午夜在一家餐廳洗碗盤（他總是說六〇年代在一家繁忙的中國餐館當洗碗工是他做過的最艱苦的工作）——我的父母都是勤奮工作的移民典範。即使媽媽在加州州立大學獲得了好工作，父親仍繼續送報，不是為錢，而是喜歡清晨新鮮空氣，送報運動。父親是個小巨星，在一九七〇年底獲得了博士學位後，開始申請工作。芝加哥和昆士蘭大學都有給他工作機會，但因他有氣喘，而芝加哥的天氣惡劣，最後他選擇了大學時代就已神往的南半球世外桃源。如我父母婚姻的一貫作風，父親獨自環球前往布里斯本，在七〇年代初算是壯舉（沒有直飛航班），可憐的母親剛拿到大學的永久職就得向大學申請留職停薪，收拾行裝，賣掉他們的汽車，然後帶著我穿越夏威夷、日本、台灣和香港到達布里斯本，這一切她可沒留下什麼好印象。

爸爸經常說澳大利亞對他們很好——我們定居在布里斯本，它真正成為了我們的家。當父親申請昆士蘭大學時，他向系主任暗示他的妻子是一位合格的大學圖書管理員，若是她也在此有工作的話他接受應聘機會就增加。這果然奏效，從此媽媽和爸爸的整個職業生涯都奉獻給昆士蘭大學。父親兩年內獲得永久職，建了他們的第一個房子，再一年後，他們獲得了公民身份也還清了貸款。亮人（Leon）在一九七三年底出生，一年多後素瑾（Sue）也跟著來。過去的幾十年來，我的父母面臨許多挑戰，都成功克服——他們周遊各地，經濟穩定，看著孩子們茁壯，婚配良偶，隨著時光飛逝迎接六個孫子的到來。他們喜歡照顧這些孫子——爸爸是一位神話般的祖父（阿公）——他調皮、風趣、隨和、開朗，並做得一手好吃的麵，喜歡帶大家出去吃館子——完美的理想阿公。他對孫兒女們特別有耐心——我最小的女兒蕙丘（Emma）有個習慣，當爸媽來替我們帶孩子讓邁克和我外出時，回來時總是會發現她睡在沙發爸爸的大腿上。他說看她睡著了把她送上床，但我們一離開，她就爬下來，問在看電視的爸爸是否可以躺在沙發上，然後就待下睡著了。

爸爸很喜歡布里斯本，退休後，他們從聖盧西亞山頂上搬到布里斯本河岸的一間公寓，他喜歡坐在陽台上泡一杯茶，配上一些零食，看著布城河畔與夜晚閃爍燈光，蘊育出他的無數篇文章。這使我想到了他的另一個摯愛——美食。讀過父親回憶錄的人都知道，回憶錄裡記滿他多年來吃過的美味佳餚。對美食的熱愛傳遞給了我和我的所有孩子。我對父親最深刻的回憶是和他一起看美國七〇年代警匪片，例如Starsky和Hutch，伴著宵夜，如清蒸螃蟹加醬油或蛤蜊湯。他常提起故鄉苗栗粄條，品嚐了世界各地的美味，還是故鄉粄條最好吃。他年輕時曾為我們炒麵條，也喜歡做菜，這是他在學生時代在聖地牙哥的一家中餐館練出的好廚藝。

我和我的丈夫邁克在英格蘭生活了四年，在回澳的路上，我們和利用休假期間客座淡江大學的父親住在台北六個月。他常會到當地市場逛逛，挑選當天晚餐所需的肉類和新鮮蔬菜。我很喜歡和爸爸在一起的那段日子，那是最美好時光以及佳餚的回憶。爸爸還發掘了許多當地最好的餐館，我們喜歡一起探索。二〇一四年，父親帶全家回台灣兩個星期——我們十三個人坐在一輛掛著白色絨毛窗簾的大型巴士上，環遊台灣——真是太好了。台灣人的待客方式是在宴請訪客——客人們每隔一天就要面對一次十五種菜色的宴會——到最後，連我父親也投降了，只想吃一碗簡單的麵條。他喜歡我的第二個女兒蕊丘（Lucy）其中一個原因是她從小就愛吃米飯——他認為這太好了，因為他也一直愛吃米飯，特別媽媽煮的不使用電鍋，而用老式平底鐵鍋煮的鬆脆鍋巴。他喜歡其它美食，但他們不敵一碗米飯，綠色蔬菜配泡菜。我總是可以根據父親食慾從旁了解他接受癌症治療的感受。當感到沮喪時就沒食慾。

爸爸從不沉迷於酒精——其實我想他會喜歡一杯美酒或蘇格蘭威士忌，但他基本上對酒精過敏，喝了一口會開始臉紅，還會發作哮喘。由於亞洲人的飲酒常常是「乾杯」，即使在台灣總統李登輝總統的身旁，父親也學會了假喝茶替代。我知道他的朋友和學生們常常給他不同的茶葉——我深深地記得他拿著一大杯茶撰寫有關台灣的文章。

現在，我轉向父親的第三愛，有時是他全神貫注的愛——政治，民主和台灣的獨立。生活中少有人能一生熱愛自己的工作——真心的，熱情的投入——我的大女兒莉丘（Rachel）似乎是其中的一員，而父親則是另一個。爸爸喜歡教書，演講和寫作。

再一次，我可以根據他是否能夠寫一篇文章來評估他去年的感受，他持續寫作到人生盡頭。我感到特別不公平的是，當台灣終於開始有相當多積極關注以及挺身反抗來自中國的持續恐嚇時，爸爸的身體反而不如以往。

我不會詳細介紹父親的工作，這裡有很多其他人更能夠寫出和討論他的貢獻，那比我可詳盡的多。我將分享一些有關父親在人生中的使命故事。爸爸是一個不尋常的人，他來自傳統的，貧窮的，保守的亞洲背景，但擁護包容，深思，公平和人道的價值觀——他是民主的堅定信徒，並且理解有時結局可能不會按照你的喜好，但沒關係，人民已經決定，不同政見的奢侈是現代文明的強大權利。澳大利亞擁護的言論，新聞，表達自由是我父親一生中的重要元素，而這正是他想要給台灣的。若他處在一七和一八世紀的啟蒙運動，他會做得很好。可憐台灣遭受了比一般國家更多的「侵占」，包括荷蘭、西班牙、日本和中國。作為一個客家和台灣原住民的驕傲結合，父親對台灣成為民主國家並最終被世界其他國家承認為一個獨立國家充滿熱情。這種激情從他的學術生涯的初期就很明顯。在一九七一年他從美國前往布里斯本的途中他很可能被台灣政府拘留，因為他嚴重批判過蔣介石的獨裁統治。所以他和他的論文指導教授Gripp計劃，如果他在香港沒有打電話給他，就知道爸爸被拘留了，要開始設法營救。值得慶幸的是，這種結果並沒有發生，但也算險象環生。

一九七六年一月，爸爸無畏黑名單飛回台北，在機場被官方拘留——他說，他們友善給他幾瓶紅酒和茶之後「建議」他不要入境。經過幾個小時「談判」，他就被送去飛往香港的班機。他可憐的父母不知所措，不敢去飛機場——他們整天向神祈禱，保佑自己的兒子。我父親還錯過了他父親的葬禮，因為他呼籲民主和獨立，而被禁止回國。最後，經過二十多年的努力，台灣進行了憲法改革，完成了第一次民選，從而實現了他的目標之一。一九九〇年，父親是李登輝總統的顧問之一，負責建立總統直選制度並改革議會使其更加民主化。十年後，反對黨總統候選人當選，和平就職——真正的民主終於來到台灣。四十年來，台灣從軍事獨裁化身為世界上最活躍的民主國家之一。想一想這是一個多麼非凡的成就。爸爸不停的努力，不辭辛勞撰寫文章倡導民主化的需要和正式承認台灣為獨立國家已有五十年了——他看到第一個理想實現了，毫無疑問，第二個理想也會在他離去後繼續。

身為一個來自農村出身平庸的小伙子，父親清楚看到人性的微妙互動——他的情商很高。當邁克和我結婚時，他輕鬆地用英語和普通話演講，討論了婚姻和兩種文化融合帶來的挑戰和喜悅。我仍然記得他對邁克說過，他非常幸運，因為在台灣傳統中，妻子是強者，決定了家裡的規矩，但在公共場所會尊重丈夫，但是西方文化偏重丈夫，在公開場合對妻子彬彬有禮。基本上，他希望這兩種方式都要做到，並且祝他接受「挑戰成功」。

爸爸對許多人來說，各有不同。他具有幽默感，同情心又精力旺盛，似乎給所有人留下了深刻的印象。即使在醫院的最後一天，他也感謝護士的止痛藥，並感謝他們的護理。他是許多台灣人的熱情領袖和擁護者，是許多學生的良師益友，耐心支持的丈夫，善良完美的阿公／祖父，但對我來說，他只是我的父親。我和父親很親近——他經常開玩笑說我們是如此相似。我非常非常幸運能擁有他，並會非常想念他。

附錄三　致父親

邱亮人（Leon，邱垂亮教授長子）

我們賴以生存的時刻：目的時刻，渴望時刻，喜悅時刻，甚至傷心和悲劇時刻。這就是人生百態，沒有人比我父親更了解這一點。他以包容缺陷和促進人道主義的方式了解我們的世界，他同時是作家和歷史學家，只希望我們所有人相處和睦並跳脫自古以來困擾人們的錯誤循環。

在這宏大的規模上，他不斷地揮舞著手指，不停地，熱情地，熱心地寫下隱形的文字。每當他坐在一個安靜的地方時，他會像魔杖一樣動動手指，抄寫淹沒在他美麗心靈的文字。即使在他最後的日子，他仍然這樣做，這是一個作家的習慣。

然後他用筆寫在紙上所有驅使他的想法，來釋放他的心。而他的心一直和永遠都會連著他的祖國——台灣（或者他所偏好一五〇〇年代葡萄牙水手命名的「福爾摩沙」，意思是「美麗的小島」）。

我父親很包容。對於一個在戰爭席捲全球時渡過童年的的人，他是如此不凡。我不知道他是如何得到這樣的覺悟，是他的腦袋裡亮起了一個燈泡還是他的內心一直都知道向前的道路要靠彼此愛護和尊重。

同時，他知道什麼時候自己需要說出堅強的話。當台灣被壓迫時，他的心也被壓迫了。當人民的權力尤其是台灣人民的權利受到侵犯時，他的內心也感到被侵犯了。他啟發他人採取積極行動，而不是造成更多的隔閡或蔓延仇恨。這種表達自己，編織文字，掌握修辭的能力是他這六十年來的工作基石，並為台灣人民和後代留下不可磨滅的遺產。

在他心海裡，建造了自己的家。您也許會認為，如果台灣是他的本心，他會在那裡建立家園。但這就是他的包容心卓越的地方。他內心寬廣，容他在另一個名為澳大利亞的國家成家。在這裡他生根留下遺產。

在這一小片的綠色中，他和我的母親撫育了三個孩子。我的大姊奕雲（Grace）生於美國，而我和小妹素瑾（Sue）都出生在澳洲。這種國際化，多元文化的風味完美地代表了我父親的包容心。他告誡孩子們，我們都是值得友善和尊重的人。他又說，世界的文化多樣奇妙和引人入勝，生命就是一個令人珍藏的的冒險。

我相信他的教誨奏效，因為姐姐嫁了一位荷蘭人邁克（Michael），而我也娶了嬌妻金（Kim），她是越南人。姐姐和我很幸運能夠在其他國家工作和生活，我們累積的生活經驗看過英國、歐洲、台灣、日本和東南亞，再到美國等許多地方。我相信這是父親灌輸給我們的。他自己有著離開台灣前往美國然後到澳大利亞的經驗，我們就有探索超越熟悉的冒險的願望。

在這一片綠色中，我們的父親和母親六次成為阿公和阿婆。莉丘（Rachel），蕊丘（Lucy），蕙丘（Emma），奕林（Sam），奕山（Joseph）和逸嵐（Caitlin）的祖父，每次與他們共度時光時，有著無盡的喜悅，毫無束縛。哦，是的，他的內心確實很強大，時時刻刻洋溢著喜悅和目標。

父親承認人生繁雜，往往事與願違。對此他以哲理面對，接受並非一切都如人所願，但他還是珍惜每一刻。有個好例子是某天我開車送他回家時問：「爸爸，結婚的秘訣是什麼？如何才能確保婚姻美滿？」

我料想他的反應應該是會深思熟慮。這是一個政治學博士。曾任台灣總統的政策顧問；在政治小組中辯論；出版了大量書籍；撰寫了無數文章；是在他的兩個妹妹和四個兄弟面前擔當起「一家之主」；在追求母親時寫了情書；養育了三個孩子；不斷寵壞六個孫兒女；並和我的母親一起周遊列國（尤其被日本吸引，小時全家曾經去日本旅遊、滑雪過。但長大後，無論我如何懇求他帶我同去，都被他拒絕）。

我想如果有人能知道我問題的答案，那個人就是他。父親的人生履歷表經歷過戰爭悲劇到天倫之樂的抱懷每個初生的孫兒女。當我們停在紅燈時，我屏住呼吸等待答案。在我的腦海裡，我一遍又一遍地說：「告訴我，爸爸。告訴我婚姻的秘訣是什麼？如何才能確保婚姻幸福？」

我父親有史以來第一次支支吾吾，措手不及。他沉思片刻，然後看著我，輕聲咯咯地笑了笑，然後說道：「好吧，你只能瞎摸罷了。」

這樣一個修辭大師。能言善道，政治實用主義者，哲學家，生活學者。確實是用瞎摸一詞來解釋如何使你婚姻美滿。沒有詳細說明，沒有澄清。甚至沒有維基百科頁面的註解。

在那一刻，我們倆都笑了。那一刻他只是我的父親。我深愛著他，也知道他愛我。

他是小時候把我扔在空中逗我笑的父親。他是教我如何騎我的第一輛自行車的人。他是幫助我訓練田徑一〇〇米衝刺的人，用的是個老式碼表。當我們一起看電影時，他是做烤起司辣味玉米片消夜的人。他是鼓勵我寫作的人。他是知道我長大以後必須讓我離開自由生活的人，給了我過自由生活，讓自己去瞎摸。

他是每個兒女都渴望有的父親和朋友。我真是太幸運了，不必許願因為他就是我的父親。

與他在一起的每一時刻，他都為我奠定了基礎。

在我心海裡，他將永遠長住。在我心海裡，我隨時都找得到他。看著日出日落，喝杯茶，在空中揮舞著手指，寫著隱形的文字，編織著永遠與我同在的魔法。

附錄四　邱垂亮的「兩種心向」和「台灣政論」

康寧祥

垂亮兄走了，我內心感傷不已。

四十六年前，一九七五年十二月廿八日《台灣政論》第五期出版後，接到國民黨政府來了公文，因為邱垂亮撰寫的「兩種心向」一文「煽動叛亂」停刊一年。

停刊後一個禮拜，一九七六年一月六日，國民黨正從休會中的立法院展開大動作追殺，由陳顧遠等卅五位立委聯合書面質詢，要求行政院徹查《台灣政論》相關人員是否觸犯刑法第一百條及懲治叛亂條例第六條、第七條的規定，這些規定：「凡意圖破壞國體、顛覆政府，而著手實行或預備陰謀者」（刑法一百條），以及「凡散播不實之消息，足以妨害治安或撼動人心，或以文字圖書演說為有利於叛徒之宣傳者」（懲治叛亂條例）。也就是停刊一年的行政處分還不夠，還要把雜誌社（台灣政論）相關人員抓起來判刑。

除此之外，到職不到兩個月的副總編輯黃華很快被捕，以「煽動叛亂」罪判刑十年，連同一九七五年大赦減刑提前兩年假釋出來刑期，共服刑十二年。另一位副總編輯張金策（前礁溪鄉鄉長），情治單位到處搜捕他，逼得他偷渡出國流亡美國；總編輯張俊宏也被逼得走投無路，只好在台北西門町租店賣天婦羅。

一九七五年八月，《台灣政論》創刊號一出刊不到三天，印了兩版，賣光光，再版到第五版印了五萬份，才勉強補足了市場的需求。之後的四期，每兩期都銷售好幾萬份，光是長期訂戶就有三千份。不只超乎我們的預期，情治單位的文化特務也嚇了一跳，要重新關閉言論管控的閘門。

垂亮兄也為此列入黑名單，長久無法出入國門，直到解除戒嚴才能回到台灣，一生為台灣的言論自由、民主政治而犧牲奉獻，垂亮兄，感謝您，請安息。

二〇二一年四月八日

民報文化藝術叢書01　PF0327

頑固的民主派

──邱垂亮民報評論集

作　　者／邱垂亮
責任編輯／鄭伊庭、石書豪
圖文排版／蔡忠翰
封面設計／吳咏潔

出版策劃／獨立作家
發 行 人／宋政坤
法律顧問／毛國樑　律師
製作發行／秀威資訊科技股份有限公司
地址：114 台北市內湖區瑞光路76巷65號1樓
電話：+886-2-2796-3638　傳真：+886-2-2796-1377
服務信箱：service@showwe.com.tw
展售門市／國家書店【松江門市】
地址：104 台北市中山區松江路209號1樓
電話：+886-2-2518-0207　傳真：+886-2-2518-0778
網路訂購／秀威網路書店：https://store.showwe.tw
國家網路書店：https://www.govbooks.com.tw

出版日期／2022年11月　BOD一版　**定價**／420元

|獨立|作家|
Independent Author

寫自己的故事，唱自己的歌

頑固的民主派：邱垂亮民報評論集 / 邱垂亮作. --
一版. -- 臺北市：獨立作家, 2022.11
面；　公分. -- (民報文化藝術叢書；1)
BOD版
ISBN 978-626-96328-7-9(平裝)

1.CST: 臺灣政治 2.CST: 時事評論 3.CST: 文集

574.3307　　111015274

國家圖書館出版品預行編目